나훔 · 하박국 · 스바냐 해설서
열방을 향한 공의

열방을 향한 공의

초판 1쇄 발행 2003년 2월 20일
　　2쇄 발행 2008년 3월 28일

지은이 · 강성열
발행인 · 조병호
발행처 · 도서출판 땅에쓰신글씨
주　소 · 서울 서초구 서초동 1628-25 서호빌딩 1층
전　화 · 02)525-7794
팩　스 · 02)587-7794
홈페이지 · www.hanshi.or.kr
등　록 · 제21-503호(1993.10.28)

ISBN 978-89-85738-19-4 03230

나훔 · 하박국 · 스바냐 해설서
열방을 향한 공의

강성열

땅에쓰신글씨

:: 머리말 ::

한국의 그리스도인들 중에는 이스라엘의 예언을 단순히 앞으로 있을 일에 대해서 '미리 말하는 것'(foretelling)으로 이해하는 사람이 매우 많다. 그러나 이스라엘의 예언은 단순히 앞으로 있을 일을 미리 알고서 그것을 사람들에게 알리는 행동(豫言)을 가리키지 않는다. 오히려 구약성경이 말하는 예언은 하나님의 부름을 받은 종이 그의 말씀을 위탁받아 그것을 사람들에게 선포하는 행위(預言)를 뜻한다. 따라서 참다운 의미의 예언은 과거와 현재와 미래를 다 포괄하는 것이다. 그리고 엄밀한 의미에서 본다면, 구약성경의 예언은 일차적으로 하나님의 말씀을 따르지 않는 비뚤어진 현실(현재)을 겨냥하고 있다고 보아야 옳다.

구약성경에는 상당히 많은 예언자들이 나타난다. 그런데 그들은 그 활동 시기에 따라 초기(初期) 예언자와 후기(後期) 예언자로 나누인다. 초기 예언자와 후기 예언자를 나누는 가장 편리한 기준은 예언자 자신의 이름으로 기록된 책이 있느냐 없느냐 하는 것이다. 초기 예언자들의 경우, 그들의 활동이 구약성경의 역사서에 낱낱이 기록되어 있으면서도, 그들의 이름을 가진 책은 남겨져 있지 않다. 그러나 후기(주전 8세기)에 가면서, 예언자들의 활동과 그들이 선포한 메시지를 모아두는 경우가 많았다. 그래서 우리는 후기 예언자들을 편의상 문서 예언자(writing/written prophets)라고 부른다.

이들 문서 예언자들은 모두 16명으로, 한글판 구약성경의 마지막 부분에 '예언서'라는 항목으로 한데 묶여 있다. 그리고 이들은 비교적 분량이 많은 대(大)예언서와 분량이 적은 소(小)예언서로 나누인다. 대예언서는 이사야에서 다니엘에 이르기까지의 네 권이고, 소예언서는 호세아에서 요엘까지의 열두 권이다.

그런데 호세아에서 말라기까지의 열두 권으로 된 소예언서(Minor Prophets)는 일반적으로 교회에서 그렇게 크게 관심을 기울이지 않는 책들이다. 기껏해야 호세아나 아모스 정도가 설교 본문으로 간혹 인용될 뿐, 나머지 대부분의 책들은 관심 밖에 놓여 있는 것이 오늘의 현실이다. 특히 나훔에서 말라기까지의 후반부 여섯 권이 그러하다. 그러나 이들은 분량이 적어서 소(小)예언서일 뿐이지, 결코 하나님 말씀으로서의 비중이 작아서 소예언서인 것은 아니다. 우리가 조금만 정성을 기울여 이 말씀들을 연구하고 묵상한다면, 소예언서가 아닌 다른 책들에서 발견하는 것과 똑같은 메시지들을 얼마든지 찾아낼 수 있다. 이 책은 그러한 작업에 도움을 주고자 하는 일종의 안내서이다.

이 안내서에서 취급하는 책들은 나훔, 하박국, 스바냐의 세 권이다. 나머지 세 권, 곧 학개와 스가랴 및 말라기는 별도로 다루고자 한다. 여기서 다루고자 하는 세 권의 예언서는 공교롭게도 똑같이 세 장 분량으로 되어 있다. 또한 이 세 예언서는 한결같이 남왕국 유다 말기에 선포된 메시지를 모아 놓은 것들이다. 뒤의 세 예언서(학개, 스가랴, 말라기)

가 포로기 이후 시대에 선포된 메시지를 모아 놓은 것들이라는 점과는 사뭇 대조를 이룬다. 그리고 이 세 권의 책들은 니느웨에 대한 심판을 선고하고 있는 나훔서를 제외하고는 한결같이 이스라엘 백성을 상대로 하는 예언 메시지들을 담고 있다. 뒤의 세 권도 이 점에 있어서는 예외가 아니다.

세 예언자들의 예언 본문들을 해설함에 있어서, 이 책은 개역성경을 표준 본문으로 정하였다. 아직은 다수의 교회들이 여전히 개역성경을 사용하고 있기 때문이다. 필요한 곳에서는 개역 개정판이나 표준 새번역을 참고할 것이다. 그리고 모든 예언 본문들을 산문체로 서술하는 개역성경과는 달리, 본래의 히브리 예언을 따라 모든 예언 본문들을 시문체로 정리하였다. 히브리어로 기록된 예언자들의 설교가 한결같이 시문체로 되어 있기 때문이다. 이것은 예언자들 개개인이 곧 뛰어난 시인(詩人)들임을 의미한다.

따라서 독자들은 예언 본문들을 읽을 때 한 편의 시를 읽는 마음으로, 때로는 시적인 상상력을 발휘하여 예언자들의 설교를 들을 수 있어야 한다. 그렇게 할 때 비로소 시인의 가슴으로, 시인의 감수성으로, 자기 백성을 책망하시고 심판하시고 구원하시는 하나님의 심정을 한층 깊이 이해할 수 있을 것이다. 그리고 독자 여러분께서는 예언 본문의 이해를 돕기 위해 소개한 여러 다른 본문들을 직접 찾아가면서 이 책을 읽을 필요가 있다. 성경 전체의 흐름 속에서 예언서를 읽을 때 예언의 의미를 한층 폭넓게 이해할 수 있기 때문이다. 그러면서도 잊지 말아야 할 것은, 이 책이 어디까지나 하나님께서 이스라엘의 예언자들에게 맡기신 예언의 말씀을 잘 이해하도록 돕는 안내서에 지나지 않는다는 점이다.

아무쪼록 이 보잘것없는 안내서가 예언의 말씀에 관심이 많은 일반 평신도들과 신학도들의 예언서 연구에 조금이나마 도움이 되었으면 한다. 아울러 이 부족한 책의 출판을 허락해 주신 도서출판〈땅에쓰신글씨〉의 조병호 목사님께 깊은 감사를 드리며, 이 책의 출판을 위해 수고한 출판사의 모든 분들에게도 동일한 감사의 마음을 전하고 싶다.

2003년 1월
광주 양림골 선지동산에서
강성열 삼가 씀

:: 차 례 ::

머리말

나훔 NAHUM ―― 11

I. 서론
1. 나훔서의 특징
2. 인물과 시대적인 배경
3. 나훔서의 구성
4. 중심 메시지

II. 니느웨를 향한 하나님의 진노와 심판(1장)
1. 표제에 대한 해설(1:1)
2. 진노하시고 보복하시는 하나님(1:2-3)
3. 하나님의 진노의 결과(1:4-8)
4. 니느웨가 받을 심판(1:9-15)

III. 니느웨의 멸망(2장)
1. 바벨론 군대의 모습(2:1-7)
2. 니느웨의 완전한 멸망(2:8-13)

IV. 니느웨의 죄와 그에 대한 심판(3장)
1. 니느웨의 죄(3:1-4)
2. 하나님의 심판(3:5-13)
3. 니느웨를 향한 조롱(3:14-19)

하박국 HABAKKUK — 49

I. 서론
1. 하박국서의 특징 및 인물
2. 시대적인 배경
3. 하박국서의 구성
4. 중심 메시지

II. 하박국의 질문과 하나님의 답변(1:1-2:4)
1. 표제에 대한 해설(1:1)
2. 하박국의 첫 번째 질문(1:2-4)
3. 하나님의 첫 번째 답변(1:5-11)
4. 하박국의 두 번째 질문(1:12-17)
5. 하나님의 두 번째 답변(2:1-4)

III. 바벨론에 임할 하나님의 심판(2:5-20)
1. 탐욕에 대한 벌(2:5-8)
2. 폭력에 대한 벌(2:9-17)
3. 우상 숭배에 대한 벌(2:18-20)

IV. 찬미의 노래(3장)
1. 표제와 후기에 대한 해설(3:1, 19b)
2. 하나님의 현현과 그 결과(3:2-7)
3. 구원을 위한 하나님의 싸움(3:8-15)
4. 하박국의 신앙고백(3:16-19a)

스바냐 ZEPHANIAH — 103

I. 서론
    1. 스바냐서의 특징 및 인물
    2. 시대적인 배경
    3. 스바냐서의 구성
    4. 중심 메시지

II. 야웨의 날(1:1-2:3)
    1. 표제에 대한 해설(1:1)
    2. 하나님의 우주적인 심판(1:2-3)
    3. 유다 백성들에 대한 심판(1:4-6)
    4. 심판의 날(1:7-13)
    5. 주께서 분노하시는 날(1:14-18)
    6. 회개의 촉구(2:1-3)

III. 주변 나라들에 임할 심판(2:4-15)
    1. 블레셋에 임할 심판(2:4-7)
    2. 모압과 암몬에 임할 심판(2:8-11)
    3. 구스와 앗수르에 임할 심판(2:12-15)

IV. 예루살렘의 죄와 하나님의 구원(3장)
    1. 예루살렘의 죄(3:1-5)
    2. 죄에 대한 심판(3:6-8)
    3. 다가올 변화(3:9-13)
    4. 기쁨의 노래(3:14-20)

나훔
NAHUM

I. 서론
II. 니느웨를 향한 하나님의 진노와 심판(1장)
III. 니느웨의 멸망(2장)
IV. 니느웨의 죄와 그에 대한 심판(3장)

Ⅰ. 서론

1. 나훔서의 특징

일반적으로 문서(文書) 예언자들(Writing/Written Prophets) – 이사야에서 말라기까지 자신의 이름으로 기록된 예언서를 가지고 있는 예언자들을 일컬음 – 의 예언 메시지는 하나님의 백성이 범한 죄를 지적하고 그에 대한 하나님의 심판과 구원을 선포하는 것을 기본 내용으로 가지고 있다. 달리 말해서 그들의 예언은 이를테면 북왕국 이스라엘이나 남왕국 유다 또는 남의 나라에 포로로 잡혀가 있는 이스라엘 백성을 상대로 하고 있다는 얘기다. 그러나 나훔서는 그렇지 않다. 다른 예언서들과는 달리 나훔서는 이방 나라인 앗수르(Assyria)의 수도 니느웨(Nineveh)의 멸망을 위주로 말씀을 전하고 있기 때문이다.

나훔서가 이처럼 이방 나라에게 임할 하나님의 심판을 중점적으로 선고한다는 점에 있어서는 오바댜서와 유사한 점을 가지고 있다. 그러나 양자 사이에는 차이점도 있다. 무엇보다도 오바댜서는 나훔서와는 달리 하나님의 심판이 니느웨 사람들이 아닌 에돔 족속을 겨냥하고 있음을 밝히고 있다. 또한 오바댜서는 후반부에 이스라엘의 구원에 관한 메시지를 정식으로 가지고 있어서, 거의 전적으로 니느웨만을 대상으로 하는 나훔서와는 그 내용이 다를 수밖에 없다.

다른 한편으로 나훔서는 니느웨와 관련된 메시지를 담고 있다는 점에 있어서 요나서와 비교되는 책이다. 요나서도 사실은 니느웨 백성에게 임할 하나님의 심판을 기본 내용으로 가지고 있는 까닭이다. 그러나 똑같이 니느웨에 관하여 말하고 있는 나훔서와 요나서 사이에도 차이가 있다. 요나서는 요나가 선포한 메시지보다는 불순종하는 요나의 모습에 더 큰 관심을 가지고 있다. 그리고 요나서는 니느웨 백성들이 하나님의 심판이 있을 것임을 선고 받은 직후부터 대대적인 회개 운동을 일으켜 마침내 하나님의 구원에 이르고 있음을 밝히고 있다. 이른바 하나님의 보편적인 구원에 대해서 말하고 있는 것이다.

그러나 이와는 달리 나훔서는 니느웨가 받을 심판에 대해서만 예언하고 있다. 그리고 나훔서에 있는 이러한 니느웨 심판의 말씀은 결과적으로 하나님의 백성에게 주어질 구원과 깊이 관련되어 있다. 실제로 나훔서는 군데군데에 유다 백성이 구원을 받을 것이라는 내용을 포함하고 있다. 앗수르가 하나님의 심판을 받아 망할 것이라는 소식은, 앗수르 제국의 강압 통치에 괴롭힘을 당해 오던 유다 백성들에게 비할 데 없이 즐거운 소식이기 때문이다.

2. 인물과 시대적인 배경

이제 나훔 개인에게로 눈을 돌려 보기로 하자. 나훔서 1장 1절은 이 책을 기록한 나훔이 엘고스(Elkosh) 사람이라고 밝히고 있다. 그러나 엘고스의 정확한 위치는 아직까지도 확인되지 않고 있다. 엘고스를 니느웨 부근의 한 마을로 보는 견해가 있는가 하면, 엘고스가 갈릴리 지역에 있는 한 마을일 것이라고 보는 견해도 있으나 다 정확하지 않다. 나훔이 1장 15절에서 남왕국 유다에 기쁜 소식이 있을 것이라고 예언하는 것으로 보아, 엘고스는 남왕국 유다에 속한 지역임에 틀림이 없다. 그리고 초대 교회 교부들의 견해에 따르면, 엘고스는 예루살렘과 가사 사이의 유다 서남방에 있는 한 마을로 알려져 있다. 이러한 분석에 의한다면 나훔은 남왕국 유다 출신의 예언자임이 분명하다.

그렇다면 나훔은 구체적으로 어느 시기에 활동하였을까? 이에 대한 암시를 우리는 나훔서 3장 8-10절에서 찾아볼 수 있다. 이 구절은 앗수르의 왕인 앗수르바니팔(Ashurbanipal; 주전 668-627년)이 주전 663년에 이집트의 수도인 테베, 곧 노아몬(No-amon)을 공격하여 그곳 사람들을 포로로 잡아간 역사적 사실에 관해 언급하고 있다. 앗수르바니팔이 이처럼 이집트를 공격한 것에는 그 나름의 이유가 있다.

그의 아버지 에살핫돈(Esarhaddon, 680-669년)은 선왕(先王)인 산헤립(Sennacherib, 704-681년)을 이어 왕이 되자 반(反) 앗수르 동맹 체제를 주도하던 이집트를 공격한 적이 있었다. 그러나 그는 끈질기게 저항하는 이집트 군대를 완전히 정복하지 못한 채로 병사(病死)하고 말았다. 이에 아버지를 이어 왕위에 오른 앗수르바니팔은 아버지 에살핫돈의 유업을 계승하려는 뜻에서 여러 차례 이집트를 공격하였고, 그 결과 마침내 이집트의 수도인 테베(Thebes)를 공략하는 데 성공한 것이다.

이러한 역사적인 배경을 염두에 둔다면, 나훔은 적어도 663년 이후에 예언 활동을 시작했을 것으로 보인다. 그리고 그가 니느웨의 멸망에 대해서 예언하고 있는 것으로 보아, 앗수르 제국은 아직 멸망하지 않은 채로 있었던 것이 분명하다. 그렇다면 앗수르 제국의 멸망은 언제 이루어졌는가? 앗수르 제국은 앗수르바니팔이 죽은 후 국력이 크게 기울어지게 되었다. 그를 이어 신샤르이쉬쿤(Sin-shar-ishkun, 629-612)이 왕으로 다스리기는 했지만 이미 기울어진 국운을 되살려 놓지는 못했다.

당시에 신(新) 바벨론 제국을 창건한 나보폴라살(Nabopolassar, 626-605년)은 이 기회를 놓치지 않고 주위의 다른 나라들과 연합하여 니느웨를 공격하였다. 여러 차례의 공격 끝에 그는 마침내 주전 612년에 니느웨를 함락시키는 데 성공하였다. 니느웨의 함락 후에 일부 앗수르인들이 앗수르우발리트(Ashur-uballit, 612-609년)를 왕으로 삼아 하란으로 도망했지만, 바벨론은 주전 609년에 이들마저 전멸시키고 말았다. 이로써 앗수르 제국의 시대는 종말을 고하고 이제 새롭게 바벨론 제국의 시대가 열리게 되었다.

이상의 연대기를 고려할 경우, 나훔은 주전 663년과 612년 사이에 예언자로 부름을 받아 니느웨 심판의 메시지를 선포했음이 확실해진다. 어쩌면 그의 예언 활동은 니느웨가 멸망한 주전 612년 쪽에 가깝다고 해야 옳을 것이다. 그가 선포한 니느웨의 멸망은 머잖아 곧 이루어질 사건으로 간주되고 있는데다가, 앗수르는 에살핫돈과 앗수르바니팔 때에 전성기를 구가하다가 앗수르바니팔이 죽은 주전 627년 이후에야 비로소 쇠퇴의 길에 접어들었기 때문이다. 그리고 이 시기에 남왕국 유다에서는 므낫세(687-642년), 아몬(642-640년), 요시야(640-609년) 등의 왕들이 연이어 통치하였는데, 그들은 한결같이 앗수르에게 괴롭힘을 당하고 있었다. 앗수르로부터의 독립은 앗수르가 약화되던 무렵인 주전 621년경에 요시야 왕이 종교개혁을 추진한 후에야 비로소 가능하게 되었다(왕하 22-23장).

3. 나훔서의 구성

전제적으로 보아 나훔서는 니느웨의 죄악을 고발하면서 그에 상응하는 하나님의 심판을 선고하고 있는 책이다. 그러나 이 책은 니느웨에 대한 심판의 말씀이 하나님의 백성과 깊은 관련을 가지고 있음을 강조하기 위해, 곳곳에서 앞으로 있을 니느웨의 멸망이 유다 백성에게 어떤 의미를 갖는지를 밝히고 있다. 유다를 2인칭으로 묘사하고 있는 1장 12절과 13절 및 15절이 그러하다. 2장 2절도 이와 같은 범주에 속한다. 이 구절들에 의하면 니느웨의 멸망은 유다 백성에게 희망을 주는 메시지로 작용한다. 어떻게 보면 나훔서는 이 구절들로 인해서 하나님의 말씀인 정경(正經)의 테두리에 들어가고 있다고 해도 틀린 말이 아니다. 왜냐하면 이 구절들은 니느웨를 대상으로 하는 심판의 말씀들을 공의로우신 하나님의 역사 주권과 그의 구원 은총에 연결짓고 있기 때문이다.

그리고 나훔서와 관련하여 한 가지 주목할 것은, 1장 2-8절이 불완전하게나마 알파벳 시(詩)의 형식을 가지고 있다는 점이다. 본래 알파벳 시는 히브리어의 22개 알파벳을 각 절이나 행의 서두에 순서대로 사용한 시를 일컫는 것으로서, 어떤 주제의 완전성을 표현하거나 암기의 편의를 도우려는 목적을 가지고 있다. 그런데 나훔서 1:2-8의 알파벳 시는 22개 알파벳 중 절반인 11개만을 사용함으로써, 이 시가 보다 완전한 형태의 알파벳 시로부터 발췌한 것이 아닌가 하는 추측을 가능하게 한다. 그러나 다른 한편으로 그것은 앗수르가 아직 완전히 패망하지 않았음을 상징적으로 보여준다고도 할 수 있다. 이와 아울러 이 시는, 다소 추상적이기는 하지만, 니느웨에 임할 하나님의 심판이 어떠한 성격의 것인지를 가늠케 해주는 길잡이 역할을 수행한다고 볼 수 있다. 이상의 기본적인 사실들을 염두에 두면서 나훔서의 내용을 정리해 보면 다음과 같다.

    1. 니느웨를 향한 하나님의 진노와 심판(1장)
       (1) 하나님의 진노(1:1-8)
       (2) 니느웨가 받을 심판(1:9-15)

2. 니느웨의 멸망(2장)
    (1) 바벨론 군대의 모습(2:1-7)
    (2) 니느웨의 완전한 멸망(2:8-13)

3. 니느웨의 죄와 그에 대한 심판(3장)
    (1) 니느웨의 죄(3:1-4)
    (2) 하나님의 심판(3:5-13)
    (3) 니느웨를 향한 조롱(3:14-19)

4. 중심 메시지

나훔은 서두에서 우주 만물을 창조하신 하나님의 진노에 대해서 언급하면서, 앗수르 제국의 수도인 니느웨가 하나님의 엄위(嚴威)하신 심판을 받을 것이라고 말한다. 아울러 그는 바벨론 제국이 앗수르를 심판하실 하나님의 도구가 될 것이라고 말함으로써, 아무리 강한 나라라 할지라도 하나님의 공의로운 심판을 면하지는 못한다는 사실을 강조하고 있다. 그의 이러한 메시지는 하나님의 역사 주권, 곧 하나님이 세상 모든 나라들의 주가 되신다는 사실을 선언하는 것이나 다름이 없다.

그렇다면 니느웨가 하나님의 심판을 받는 이유는 무엇인가? 그것은 앗수르의 죄악 때문이다. 보다 구체적으로 말해서 앗수르 백성의 잔인성과 무자비함이 하나님의 심판을 받아야 할 이유인 것이다(2:11-12; 3:10, 19). 더욱이 앗수르는 하나님의 백성인 북왕국 이스라엘을 멸망시킨 나라였고(왕하 17:1-6), 남왕국 유다를 거의 100년 넘게 괴롭히던 나라였다. 비록 앗수르가 하나님의 도구로 쓰이기는 했지만, 그들 자신의 죄악으로 인해 그들 역시 심판을 받아야만 했던 것이다.

하나님은 이처럼 죄악에 대하여 진노하시고 그것을 엄하게 벌하시는 분이지만, 다른 한편으로는 자기를 의뢰하는 자들을 도와주시고 구원해 주시는 분이기도 하다. 하나님께서 남왕국 유다를 괴롭히던 앗수르를 벌하신다는 것이 그 점을 잘 보여 준다. 따라서 그가 선포한 메시지는 당시의 유다 사람들에게 크게 환영을 받을 수밖에 없었다. 앗수르의 압제에 거의 1세기 동안 시달림을 받다가 그 압제가 사라진다는 소식을 들었으니 얼마나 기뻤겠는가!

그것은 참으로 아름다운 소식이었고 화평을 가져다주는 기쁨의 소식이었다(1:15). 하나님께서 니느웨를 심판하심으로써 야곱의 영광을 회복시켜 주실 것이기 때문이다(2:2). 앗수르 멸망의 메시지가 유다 백성에게 기쁨의 소식이었다는 것은, 결국 유다 백성이 평소에 자기들을 괴롭힌 앗수르에 대하여 상당한 반감을 가지고 있었음을 입증하고 있다. 그러므로 앗수르를 벌하려는 하나님의 진노는 사실 앗수르를 향한 유다 백성의 분노와 깊은 관련을 가지고 있는 셈이다.

Ⅱ. 니느웨를 향한 하나님의 진노와 심판(1장)

1. 표제에 대한 해설(1:1)

(1절) 니느웨에 대한 중한 경고 곧 엘고스 사람 나훔의 묵시의 글이라

흔히 예언서를 보면, 그 서두에 예언자 개인의 신상명세가 소개되기 마련이다. 이를테면 그의 소명이나 가정 또는 시대적인 배경 등이 그에 해당한다. 그러나 나훔서에는 이러한 서두 부분이 매우 간략하게 처리

되어 있다. 나훔서 전체의 표제에 해당하는 1:1에서 우리가 나훔에 대하여 알 수 있는 것은 그가 엘고스 사람이라는 것과, 그가 니느웨에 대한 하나님의 중(重)한 경고를 묵시 형식으로 선포하고 있다는 사실뿐이다. 그러나 그가 엘고스 사람이라는 것은 그의 생애를 아는 데 전혀 도움을 주지 못한다. 엘고스가 구체적으로 어느 지역을 가리키는지가 불분명하기 때문이다.

물론 엘고스의 위치를 확정하려는 시도가 전혀 없었던 것은 아니다. 16세기경의 어떤 중세 전승은 이 엘고스가 니느웨의 옛 터에서 북쪽으로 약 30km 정도 떨어져 있는 '알-쿠쉬'(Al-Qush)라는 마을을 지칭한다고 본다. 또 초대 교회 교부들 중의 한 사람인 제롬(St. Jerome)은 나훔에 관한 주석서를 쓰면서 나훔의 고향이 갈릴리에 있는 '엘케시'(ElKesi)를 지칭한다고 서술한 바가 있다. 그런가 하면 어떤 주석가는 '나훔의 마을'이라는 뜻을 가진 '가버나움'(Capernaum)이 나훔의 고향 엘고스일 것이라고 추정하기도 한다.

그러나 이상과 같은 위치 설정은 예언자 나훔과 연결될 만한 근거를 전혀 가지고 있지 않다. 오히려 나훔의 고향은 그의 예언 메시지에서 찾아져야 할 것이다. 이를 위해 우리가 살펴야 하는 것은 1절 표제에 나타나는 '묵시'라는 낱말이다. 나훔이 하나님께로부터 받은 '묵시'는 히브리어로 '하존'(vision)으로서, 일반적으로 남왕국 유다의 예언자들에게 사용되는 표현이다(사 1:1; 미 3:6; 옵 1:1; 합 2:2-3; 렘 14:14; 23:16; 겔 7:13, 26; 12:22-24, 27). 게다가 그의 예언 메시지는 니느웨의 멸망이 남왕국 유다에게 큰 희망의 소식임을 강조한다. 이러한 점들을 고려한다면, 나훔의 고향 엘고스는 남왕국 유다에 속한 한 지역임이 분명해진다. 엘고스를 유다 남부 지역의 시므온 지파에 속한 '베이트-

예브린'(Beit-Jebrin)으로 보는 초대 교회 교부들의 견해도 이러한 사실을 뒷받침한다. 나훔에 대해서는 이 이상의 다른 추적이 불가능하다.

한편, 나훔이 선포한 메시지는 예언서들 중에는 유일하게 '책' 이라는 명칭을 가지고 있다. 이 낱말은 히브리어로 '쎄페르' 인 바, 더 정확하게는 '두루마리' 를 뜻한다(개역은 '글' 로 번역함). 다른 예언서도 나훔서와 똑같이 두루마리에 기록되었겠지만, 유독 나훔서에만 이 표현이 나오는 것은, 나훔서가 다른 예언서들과는 구별되는 특별한 책이라는 암시가 포함되어 있기 때문인 듯하다. 실제로 나훔의 메시지는 표제에 명시된 바와 같이 니느웨에 대한 경고의 말씀들로 이루어져 있다. 히브리어로 '맛사' 라고 읽히는 이 '경고' 는 '무거운 짐'(burden)이라는 뜻을 가지고 있는 것으로, 흔히 예언자의 신탁(oracle) 메시지를 일컫는 전문 용어로 나타난다(사 13:1; 14:28; 15:1; 17:1; 19:1; 겔 12:10; 합 1:1; 슥 9:1; 12:1; 말 1:1). 그런데 나훔이 선포한 경고의 메시지는 전적으로 이방 나라인 앗수르 제국과 그 수도인 니느웨를 과녁으로 삼고 있다는 데에 그 특징이 있다.

물론 다른 예언자들도 일반적으로 이방 나라들에 대한 하나님의 심판 메시지를 선고하고 있기는 하다. 이를테면 이사야 13-23장이나 예레미야 46-51장, 에스겔 25-32장, 아모스 1:1-2:3, 오바댜 1:1-16, 미가 5:5-15, 하박국 1:5-11, 스바냐 2:4-16, 스가랴 1:18-21, 9:1-8, 10:11-11:3, 14:12-15 등이 그러하다. 그러나 이들에게 있어서 이방 나라들이 받을 심판은 어디까지나 이스라엘 백성을 향한 심판과 구원의 메시지의 한 부분으로 나타나고 있을 뿐이다. 이와는 대조적으로 나훔은 아예 처음부터 끝까지 일관되게 앗수르 제국이 받을 심판만을 기록하고 있다. 그러면서도 나훔은 다른 예언자들과 마찬가지로 하나님이 이방 나라들을 심판하실 수 있는 근거를 하나님의 역사 주권에서 찾고 있는 것으로 보인다.

2. 진노하시고 보복하시는 하나님(1:2-3)

(2절)   여호와는 투기하시며 보복하시는 하나님이시니라
        여호와는 보복하시며 진노하시되
        자기를 거스리는 자에게 보복하시며
        자기를 대적하는 자에게 진노를 품으시며
(3절)   여호와는 노하기를 더디하시며 권능이 크시며
        죄인을 결코 사하지 아니하시느니라
        여호와의 길은 회리바람과 광풍에 있고
        구름은 그 발의 티끌이로다

이스라엘 민족이 늘 고백하고 있는 것과 같이, 하나님은 우주 만물을 창조하신 분이요, 그 모든 것들을 이끌어 가시는 분이다. 하나님의 주권으로부터 벗어날 수 있는 것은 이 세상에 존재하지 않는다. 바다나 강이나 꽃, 산, 땅 등은 물론이고 이 세상 모든 나라들과 그 가운데 거하는 자들도 하나님의 통치를 받을 수밖에 없다. 나훔은 이러한 사실을 2-8절의 알파벳 시에서 분명하게 밝히고 있다. 그에 의하면 하나님께서 세상을 이끌어 가시는 방법에는 여러 가지가 있지만, 그 중에서 가장 중요한 것은 그의 심판 주권이다. 하나님께서 그의 통치 주권에 순종하지 않는 자에게 엄한 벌을 내리신다는 것이 바로 그것이다.

나훔은 하나님의 이러한 심판 주권에 근거하여 하나님의 세 가지 성품에 대해서 말한다. 그에 의하면 하나님은 그의 뜻을 따르지 않는 자에게 질투하시며 원수를 갚으시는 분이다. 또한 하나님은 자기를 거스르

는 자에게 원수를 갚으시며 자기를 대적하는 자에게 진노하시는 분이다 (2절). 그러니까 하나님은 '질투' 하시는 분이요, '보복' 하시는 분이요, 또한 '진노' 하시는 분이라는 것이다. 그런데 나훔은 특히 '야웨는 보복하신다' 는 뜻의 히브리어 문구인 '노켐 야웨' 를 세 번씩이나 되풀이함으로써, 하나님의 역사 주권을 훼방하는 무리들에 대한 하나님의 심판이 얼마나 무서운 것인가를 강조한다(신 32:35, 41; 시 94:1; 사 35:4; 렘 51:56; 롬 12:19; 히 10:30 참조).

하나님의 성품에 관한 2절의 설명은 3절에 그대로 이어진다. 그에 의하면, 하나님은 2절에서와는 달리 좀처럼 노하지 않으시고 권능도 한없이 많으신 분이시다(시 145:8-9 참조). 그는 언제든지 그의 피조물들이 자신의 죄악을 뉘우치고 주께로 돌아서기를 원하신다. 때로는 징계를 통해서 또 때로는 말씀을 통해서 죄악의 길에서 돌아서게 하기도 하신다. 하나님의 이러한 참으심으로 인해 하나님의 심판이 지연되면 어떤 이들은 하나님의 능력이 부족해서 그런 것이 아닌가 하고 의심한다. 그래서 나훔은 3절 상반절에서 하나님의 권능이 매우 크다는 것을 강조한다(민 14:17; 롬 9:22 참조). 악인에 대한 하나님의 심판이 속히 이루어지지 않고, 또 악인이 일시적으로 형통함을 누리는 것은, 결코 하나님의 권능에 문제가 있어서가 아니라 그의 오래 참으심 때문이라는 것이다.

그러나 하나님의 인내에도 한계가 있다. 그가 죄인을 결코 사하지 않으신다는 나훔의 말이 그 점을 잘 보여 준다. 이것은 하나님이 원하시는 회개와 순종이 뒤따르지 않을 경우, 언젠가는 하나님의 심판이 분명하게 이루어질 것임을 암시한다. 악인이 계속해서 하나님의 주권을 무시하고 그의 뜻을 거역할 경우에는, 하나님의 엄중한 심판이 반드시 이루어지고야 만다는 것이다. 나훔은 그러한 심판의 시작을 회오리바람과 광풍 사이를 지나시는 하나님의 모습에서 찾는다. 심판 주권을 가지고 있는 하나님께 있어서 구름은 그의 발 밑에 있는 티끌에 지나지 않을 정도이다(3절 하반절).

3. 하나님의 진노의 결과(1:4-8)

(4절)   그는 바다를 꾸짖어 그것을 말리우시며
        모든 강을 말리우시나니
        바산과 갈멜이 쇠하며
        레바논의 꽃이 이우는도다
(5절)   그로 인하여 산들이 진동하며
        작은 산들이 녹고
        그의 앞에서는 땅 곧 세계와
        그 가운데 거하는 자들이 솟아 오르는도다
(6절)   누가 능히 그 분노하신 앞에 서며
        누가 능히 그 진노를 감당하랴
        그 진노를 불처럼 쏟으시니
        그를 인하여 바위들이 깨어지는도다
(7절)   여호와는 선하시며 환난 날에 산성이시라
        그는 자기에게 의뢰하는 자들을 아시느니라
(8절)   그가 범람한 물로 그곳을 진멸하시고
        자기 대적들을 흑암으로 쫓아내시리라

진노의 하나님께서 인간의 죄를 멸하기 위해 임하실 때에는, 그의 권능으로 인하여 대자연의 황폐가 뒤따른다. 하나님의 진노 앞에서는 바다와 강이 다 마를 것이며(시 106:9-11 참조), 바산과 갈멜의 무성한 숲뿐만 아니라 레바논의 아름다운 꽃들도 다 시들어 버릴 것이다(4절). 여기서 바산이나 갈멜 또는 레바논 등은 비옥한 땅으로 널리 알려진 곳들이다. 팔레스타인 북동쪽에 있는 바산 지역의 경우, 그 비옥함이 야르묵(Yarmuk) 강의 충분한 물로부터 비롯되었다(암 4:1; 시 22:12 참조). 그런가 하면 팔레스타인 북서쪽에 있는 갈멜산 지역은 지중해와 근접해 있어서 바산과 마찬가지로 물이 충분한 곳이었고(암 1:2), 시리아의 북쪽에 있는 레바논은 백향목으로 유명한 곳이었다.

비록 이 세 지역들이 충분한 물의 공급으로 인해 비옥함을 간직하고 있는 땅이긴 하지만, 그곳들의 비옥함조차도 하나님의 진노를 피하지는 못한다. 이는 하나님의 심판을 피하려고 그곳으로 도망해 봐야 소용이 없다는 것을 뜻한다. 더 나아가서 하나님의 진노 앞에서는 산들이 진동하고 언덕들은 녹아 내릴 것이다. 또한 그의 앞에서 땅은 뒤집히고 세상과 그 안에 있는 모든 것이 곤두박질할 것이다. 주께서 진노하실 때에 누가 감히 버틸 수 있으며, 주께서 분노를 터뜨리실 때에 누가 감히 견딜 수 있겠는가! 하나님의 진노가 불같이 쏟아지면 바위조차도 산산조각 나고야 만다(6절).

창조주이신 하나님께서 진노 가운데 나타나실 때에는, 이처럼 그가 만드신 모든 피조물들이 혼돈과 무질서 속에 빠져들 수밖에 없는 것이다. 이 점은 개인과 국가의 경우에 있어서도 마찬가지이다. 하나님의 거룩한 뜻을 거스르고 그를 대적하는 자는, 개인이든 국가이든 간에, 하나님의 보복과 진노를 피하지 못한다. 위에서 언급한 대자연의 황폐, 곧 하나님의 진노에 수반되는 자연 재해는 사실 하나님을 거역하는 개인과 국가가 어떠한 형벌을 받을 것인가를 보여 주는 것에 다름 아니다. 나훔은 그 대표적인 예를 앗수르 제국과 그 수도인 니느웨에서 찾고 있다.

물론 니느웨가 하나님의 심판을 받을 것이라는 나훔의 메시지에는 앗수르에 대한 이스라엘의 오랜 증오심과 적개심이 뿌리깊게 자리 잡고 있음을 부인하기 어렵다. 2절과 8절에 있는 '대적하는 자', 더 정확하게는 '원수'(히브리어로 '오옙')라는 표현이 그 점을 뒷받침한다. 잘 알려진 바와 같이, 앗수르 제국은 주전 722년에 북왕국 이스라엘을 멸망시킨 후에 이스라엘 백성들을 무자비하게 죽였는가 하면, 살아남은 자들을 그들이 전혀 알지 못하던 낯선 나라에 강제 이주시킨 적이 있었다(왕하 17:1-6). 일종의 민족 분열(또는 혼합) 정책을 실시한 것이다. 이 정책의 목적은 혈통의 순수성을 파괴함으로써 민족 정신을 말살시키고, 이로써 국권의 회복을 전혀 불가능하게 만들려는 데에 있었다.

앗수르는 이러한 정책을 피정복 국가에 예외 없이 적용하였다. 뿐만 아니라 앗수르는 남왕국 유다를 여러 차례 위협하면서 정치적이고 종교적인 예속을 강요하였다. 이처럼 하나님의 백성을 괴롭히기도 하고 또 그들을 멸망시켰다는 점에서, 앗수르는 하나님의 심판을 받아 마땅한 나라로 지목이 된 것이다. 그러나 나훔의 메시지를 단순히 이스라엘의 증오심이나 적개심의 차원에서 이해하면 곤란하다. 왜냐하면 니느웨가 받을 심판은 그러한 차원을 넘어서서, 궁극적으로는 하나님이 역사를 주관하시는 분으로서 세상 모든 나라의 주가 되신다는 것을 보여 줄 뿐만 아니라, 그가 공의로 세상을 다스리시는 분임을 입증하고 있기 때문이다.

그렇다면 온 세상을 다스리시는 하나님의 공의란 무엇인가? 이에는 두 가지가 있다. 그 하나는 선하신 하나님이 자기를 의뢰하고 자기의 뜻을 따르는 자에게는 복을 주신다는 사실에 있다. 하나님이 환난 날에 만날 산성(山城; 시 31:4; 37:39)이시요, 그가 자기에게 의뢰하는 자들을 아시는 분임이 이 점을 뒷받침한다(7절). 여기서 '안다'(히브리어로 '야다')는 낱말은 단순히 머리로 아는 것을 뜻하지 않고, 따뜻한 관심과 친

절한 보살핌 및 사랑의 교제 등을 포함하는 전인적(全人的)인 앎과 그에 따르는 적극적인 행동을 뜻한다(창 4:1〔'동침하매'〕; 눅 12:6-7).

하나님의 공의에 관한 두 번째 설명에서 나훔은 하나님이 자기를 거스르고 대적하는 자에게는 벌을 주시되, 범람하는 홍수로 그들의 거처를 쓸어버리시고 또한 그들을 흑암 속으로 쫓아내신다고 말한다(8절). 비록 앗수르가 범죄한 북왕국 이스라엘을 벌하는 하나님의 도구로 사용되기는 했지만, 그 도구조차도 하나님의 뜻을 거스르면 하나님의 심판을 면할 길이 없는 것이다(사 10:5-19, 24-27). 또한 남왕국 유다를 괴롭히는 앗수르가 일시적으로는 형통함을 누리는 것처럼 보일는지 모르지만, 이제 때가 되면 흔적조차도 찾지 못하게끔 완전하게 쓸어버리는 하나님의 무서운 심판이 시작될 것이다. 이로써 사람들은 무엇이든지 심는 대로 거두게 하는 것이 하나님의 역사 운행 방법임을 알게 될 것이다:

스스로 속이지 말라 하나님은 만홀히 여김을 받지 아니하시나니 사람이 무엇으로 심든지 그대로 거두리라 자기의 육체를 위하여 심는 자는 육체로부터 썩어진 것을 거두고 성령을 위하여 심는 자는 성령으로부터 영생을 거두리라(갈 6:7-8)

4. 니느웨가 받을 심판(1:9-15)

(9절) 너희가 여호와를 대하여 무엇을 꾀하느냐
그가 온전히 멸하시리니
재난이 다시 일어나지 아니하리라
(10절) 가시덤불 같이 엉크러졌고
술을 마신 것 같이 취한 그들이
마른 지푸라기 같이 다 탈 것이어늘

(11절) 여호와께 악을 꾀하는 한 사람이 너희 중에서 나와서
       사특한 것을 권하는도다
(12절) 여호와께서 말씀하시기를
       그들이 비록 강장하고 중다할찌라도
       반드시 멸절을 당하리니
       그가 없어지리라
       내가 전에는 너를 괴롭게 하였으나
       다시는 너를 괴롭게 하지 아니할 것이라
(13절) 이제 네게 지운 그의 멍에를 내가 깨뜨리고
       너의 결박을 끊으리라
(14절) 나 여호와가 네게 대하여 명하였나니
       네 이름이 다시는 전파되지 않을 것이라
       내가 네 신들의 집에서 새긴 우상과 부은 우상을 멸절하며
       네 무덤을 예비하리니
       이는 네가 비루함이니라
(15절) 볼찌어다 아름다운 소식을 보하고
       화평을 전하는 자의 발이 산 위에 있도다
       유다야 네 절기를 지키고
       네 서원을 갚을찌어다
       악인이 진멸되었으니
       그가 다시는 네 가운데로 통행하지 아니하리로다

나훔은 2-8절에서 보복하시고 진노하시는 하나님의 역사 주권과 그의 공의로운 심판에 대해서 서술한 다음에 9-15절에서는 2인칭 복수형을 사용하여 니느웨의 잘못이 무언인지를 간략하게 밝히고, 이어서 니느웨가 하나님께 받을 심판이 어떠할 것인가를 설명해 나간다. 그에 의하면, 니느웨는 주를 대하여 음모를 꾸미는 자들(9절)이요, 주를 거역하며 악을 꾀하는가 하면 사특(흉악)한 일을 부추기는 자이다(11절). 특히

11절의 '여호와께 악을 행하는 한 사람'은 아마도 앗수르의 왕 산헤립을 지칭하는 듯하다. 그는 히스기야가 다스리던 남왕국 유다에 쳐들어와서 하나님의 이름을 크게 모욕한 적이 있었던 것이다(왕하 18-19장; 사 36-37장).

그런데 여기서 우리의 주목을 끄는 것은, 11절에 있는 '사특한 것'이라는 낱말이다. 이 낱말은 15절에 있는 '악인'이라는 낱말과 똑같이 히브리어로 '벨리알'이다. 본래 '벨리알'은 '사악한 것'이나 '무가치한 것' 또는 '허무한 것'을 뜻하는 보통명사이다. 나훔은 11절에서 이 '벨리알'을 그 본래적인 의미에 맞게 사용하는 한편으로, 15절에서는 그것을 악의 화신인 앗수르 제국('악인')에 적용함으로써 '벨리알'을 의인화시키고 있다. 후에 외경(外經)의 여러 문헌들은 나훔의 선례(先例)를 따라 이 '벨리알'을 사탄을 상징하는 고유명사로 이해하였다. 바울도 고린도 교회 성도들에게 보내는 편지에서 그리스도와 벨리알을 대비시킴으로써, 벨리알이 곧 사탄임을 암시하고 있다:

> 너희는 믿지 않는 자와 멍에를 같이 하지 말라 의와 불법이 어찌 함께하며 빛과 어두움이 어찌 사귀며 그리스도와 벨리알이 어찌 조화되며 믿는 자와 믿지 않는 자가 어찌 상관하며(고후 6:14-15)

다시 나훔서 본문으로 돌아가 보자. 하나님께서는 자신을 거역하는 악독한 니느웨를 단번에 멸하심으로써, 다른 재난이 더 이상 필요하지 않게 하실 것이다(9절 하반절). 두 번씩 멸할 필요가 없이 한 번으로 충분할 것이기 때문이다. 그 결과 그들은 가시덤불처럼 엉크러질 것이며, 술에 잔뜩 취한 자들처럼 곯아 떨어져서 마른 지푸라기 같이 다 타 버릴 것이다(10절). 여기서 나훔이 사용하는 세 가지 비유, 곧 가시덤불과 알

콜 중독자 및 마른 지푸라기 등은 심판 받기 전의 앗수르가 어느 정도까지 약화될 것인가를 암시하는 동시에 하나님의 심판이 얼마나 철저할 것인가를 가리키고 있기도 하다.

이사야도 이와 비슷하게 하나님의 벌을 받아 망할 원수들을 겨나 지푸라기 또는 불에 탈 횟돌(석회)과 베어서 불에 사르는 가시나무(가시덤불)에 비유하고 있다: "너희가 겨를 잉태하고 짚을 해산할 것이며 너희의 호흡은 불이 되어 너희를 삼킬 것이며 민족들은 불에 굽는 횟돌 같겠고 베어서 불에 사르는 가시나무 같으리로다"(사 33:11-12). 이러한 이사야의 비유와 거의 같은 내용을 가지고 있는 나훔의 비유는, 설령 앗수르의 힘이 대단히 강하고 또 그 군대의 수가 셀 수 없이 많다 할지라도, 반드시 멸절을 당하여 완전히 없어지고 말 것이라는 12절 상반절의 메시지와 맥을 같이 한다. 이 본문에 의하면, 앗수르의 막강한 군사력조차도 하나님의 심판 권능 앞에서는 아무 소용이 없다는 것이다.

니느웨가 받을 심판은 니느웨를 2인칭 단수로 표현하는 14절에서 더욱 구체화되어 나타난다. 나훔은 이 구절에서 니느웨를 향한 하나님의 준엄한 명령(시 33:9 참조)을 그대로 전한다. 이 명령에 의하면, 앗수르 제국의 이름은 이제 더 이상 세상에 전파되지 못할 것이다. 하나님께서 앗수르 제국을 멸망시키고 그 후손들마저 멸절시킴으로써, 그 이름이 역사의 무대에서 완전히 사라지게 하시리라는 것이다.

뿐만 아니라 하나님께서는 앗수르 사람들이 새기거나 부어서 만든 각종 신상(神像)들을 그들의 신전에서 다 부수어 버리실 것이다. 그 결과 니느웨의 힘과 권력을 상징하는 신들이 이제는 더 이상 숭배되지 못할 것이다. 나라의 멸망은 곧 종교의 소멸을 뜻하는 까닭에, 신상의 멸절은 앗수르 제국의 멸망이나 다름이 없는 것이다. 이로써 앗수르는 아무 짝에도 쓸모 없는 것이 되어서, 이제 무덤 속에 들어가는 일만 남게 될 것이다. 무서운 사형 선고가 아닐 수 없다.

그런데 니느웨에 임할 하나님의 이토록 철저한 심판은, 오랜 세월 동안 앗수르의 압제와 폭력에 시달려 온 유다 백성에게 큰 위로를 가져다 주었음이 분명하다. 이는 '나훔'이라는 이름이 '위로'(comfort)라는 뜻을 가지고 있다는 사실을 통해서 뒷받침된다. 12절과 13절에 갑작스럽게 나타나는 구원의 메시지 역시 마찬가지이다. 이 두 본문은 히브리어로 '코 아마르 야웨'("야웨께서 이같이 말씀하시니라", Thus says Yahweh)라는 전형적인 사자(使者) 양식(messenger formula)으로 시작하고 있다. 그리고 이 구절들에 있는 2인칭 단수는 사실 유다 백성을 지칭하는 것으로, 앗수르가 받을 심판이 유다 백성을 향한 희망의 메시지임을 암시한다. 하나님은 유다 백성에게 주는 이 말씀에서 이제 더 이상 앗수르를 통해서 그들을 괴롭히지 않을 것임을 다짐하신다. 또한 하나님은 앗수르가 마치 종을 부리듯이 그들에게 지운 멍에를 꺾어 버리고, 또 그들을 묶은 쇠사슬을 끊어 버리겠다고 약속하신다.

하나님의 이 약속은, 악이 횡행하는데도 하나님의 공의가 실현되지 않는다고 불평하던 많은 사람들에게, 이제야 하나님의 공의가 이루어진다는 확신을 갖게 해주었을 것이다. 그들은 또한 하나님의 역사 주권을 새롭게 깨달았을 것이며, 하나님의 심판에는 한 치의 오차도 있을 수 없다는 사실도 깨달았을 것이다. 앗수르 멸망의 소식을 아름다운 소식, 곧 화평('샬롬')의 소식이라고 칭하는 나훔의 메시지가 이를 잘 보여준다.

이러한 이유들로 인하여 나훔은 앗수르를 2인칭 단수로 부르는 14절을 건너뛰어서, 다시금 12-13절에서와 마찬가지로 유다 백성을 2인칭 단수로 부르면서, 그들에게 절기들을 지키고 서원을 갚으라고 자신 있게 말할 수 있었다(15절). 나훔의 이 메시지는 앗수르가 그 동안 자신의 고유한 절기조차도 지키지 못하게끔 남왕국 유다를 종교적으로 억압해 왔음을 암시하고 있다. 그러나 이제껏 그들을 괴롭혀 왔던 '악인'('벨리알 ; 앗수르)이 진멸됨으로써 평화가 이루어졌으니, 이제는 마음에 원하는 대로 하나님을 섬길 수 있다는 것이다.

Ⅲ. 니느웨의 멸망(2장)

1. 바벨론 군대의 모습(2:1-7)

(1절) 파괴하는 자가 너를 치러 올라왔나니
     너는 산성을 지키며 길을 파수하며
     네 허리를 견고히 묶고
     네 힘을 크게 굳게 할찌어다
(2절) 여호와께서 야곱의 영광을 회복하시되
     이스라엘의 영광 같게 하시나니
     이는 약탈자들이 약탈하였고 또
     그 포도나무 가지를 없이 하였음이라
(3절) 그의 용사들의 방패는 붉고
     그의 무사들의 옷도 붉으며
     그 항오를 벌이는 날에 병거의 철이 번쩍이고
     노송나무 창이 요동하는도다
(4절) 그 병거는 거리에 미치게 달리며
     대로에서 이리 저리 빨리 가니
     그 모양이 횃불 같고 빠르기 번개 같도다
(5절) 그가 그 존귀한 자를 생각해 내니
     그들이 엎드러질 듯이 달려서 급히 성에 이르러

(6절)　막을 것을 예비하도다
　　　　강들의 수문이 열리고
　　　　왕궁이 소멸되며
(7절)　정명대로 왕후가 벌거벗은 몸으로 끌려가며
　　　　그 모든 시녀가 가슴을 치며
　　　　비둘기 같이 슬피 우는도다

　나훔은 1장에서 니느웨를 향한 하나님의 진노와 그의 엄한 심판에 대해서 언급한 다음에, 2장에 가서는 니느웨의 멸망을 보다 현실감 있게 묘사한다. 1장에서 살펴본 니느웨의 심판이 천상(天上)의 차원에서 이루어지는 다소 추상적인 성격의 것이라면, 2장에 묘사된 니느웨의 멸망은 지상(地上)의 차원에서 이루어지는, 보다 구체적인 것이라 할 수 있다. 그리고 2장은 전체적으로 보아 니느웨를 3인칭으로 부르고 있지만, 처음(1절)과 마지막(13절)에서만큼은 1장 14절에서처럼 니느웨를 2인칭 단수로 묘사함으로써, 니느웨가 하나님의 직접적인 심판의 대상임을 분명하게 밝히고 있다.

　더 나아가서 나훔은 니느웨를 멸망시킬 하나님의 도구로 바벨론 나라 - 더 정확하게는 바벨론과 메대(Medes) 및 스구디아(Scythians)의 연합군 - 가 선택되었음을 예견하고 있다. 비록 바벨론에 대한 직접적인 언급이 없지만, 앗수르 제국을 멸망시킬 나라는 당시에 강대국으로 새롭게 부상하던 바벨론 제국 밖에 없었기 때문이다. 나훔은 이 바벨론 나라를 '파괴하는 자', 곧 침략군으로 묘사하면서, 니느웨를 향해서 바벨론에 대항할 재간이 있으면 어디 한 번 맞서 싸워 보라는 투로 말한다(1절). 허리를 질끈 동이고 있는 힘을 다하여 산성(山城)을 지키고 길을 파수해 보라고 말한다. 이 말에는 바벨론 나라에 저항해 보았자 소용이 없을 것이라는 조롱이 포함되어 있다. 하나님의 심판이 이미 확정된 데다가, 앗수르는 당시에 국운이 크게 쇠퇴하여 바벨론의 강한 군대를 도무지 이겨낼 수가 없었기 때문이다.

나훔은 앗수르의 저항이 소용없을 것임을 보다 분명하게 하기 위해서 3-6절에서 바벨론 군대의 위용을 상세하게 묘사한다. 그런데 그 중간에 있는 2절은 1절에서 3-6절로 이어지는 메시지의 흐름을 잠시 중단시키는 것으로, 니느웨의 멸망이 유다 백성에게는 위로와 희망의 소식이 될 것임을 밝히고 있다. 이 구절은 앗수르를 '약탈자'로 묘사하는 한편으로, 이스라엘 백성을 포도나무 가지로 표현한다. 이스라엘은 종종 포도나무로 비유되는 바(사 5:1-7; 렘 5:10; 시 80:8), 나훔은 앗수르가 포도나무 가지, 곧 하나님의 선택된 백성인 북왕국 이스라엘을 없이 하였지만, 하나님께서 그 원수를 갚으심으로 야곱(북왕국)의 영광을 회복하시되 이스라엘(남왕국)의 영광 같게 하실 것이라고 말한다.

2절에 있는 이러한 희망의 메시지는 1장 12-13절이나 15절에 있는 것과 거의 똑같은 내용을 가지고 있다. 굳이 차이가 있다면, 1장의 것들이 남왕국 유다를 대상으로 하는 반면에, 2장 2절은 북왕국 이스라엘을 지칭하고 있다는 점일 것이다. 어쨌든 앗수르가 받을 심판과 멸망은 이처럼 유다 왕국의 앞날에 깊은 영향을 주고 있는 중요한 사건으로 나타난다. 세상 나라들을 운행하시면서 그의 백성의 앞길을 예비하시는 하나님의 공의와 섭리를 굳게 믿는 자라면, 누구나 세계 역사의 흐름을 대수롭지 않게 여긴다거나 그것에 무관심하지는 않을 것이다.

한편, 이 짤막한 삽입절이 끝난 직후에 나훔은 앗수르를 멸망시킬 바벨론의 군대에 대해서 설명한다. 이 설명은 나훔이 받은 환상에 근거하고 있는 것으로서, 실제로 바벨론 군대가 앗수르로 쳐들어 온 것과도 같은 생생함을 간직하고 있다(3-4절). 어쩌면 나훔은 바벨론 군대의 행진하는 모습을 한 번이라도 본 적이 있었을는지 모른다. 또한 그는 니느웨에 관한 다양한 정보, 즉 니느웨의 지형적인 특성이나 방어 능력 내지는 취약점 등에 관해서 어느 정도 알고 있었을 가능성이 있다(5-8절). 그가 받은 환상은 아마도 그에게 있는 이러한 기초 정보에 의해 보다 구체화되었을 것이다.

나훔이 본 바벨론 군대는 붉은 방패를 들고 자주색 군복을 입은 것으로 나타난다. 그가 받은 환상에 의하면, 그들의 병거가 대열을 지어 올 때에 그 병거에 입힌 철갑이 불꽃처럼 번쩍이고 노송나무 창이 물결치듯 넘실거린다. 바벨론 군대의 병거들이 질풍처럼 거리를 휩쓸고 큰길에서 이리저리 달릴 때, 그 모양은 횃불 같고 빠르기는 번개와 같다. 그들의 존귀한 자들, 곧 바벨론 군대의 지휘관들은 엎드러질 듯이 맹렬한 기세로 계속 밀고 들어가서 벼락같이 성벽에 들이닥침과 동시에, 성벽에서 날아올 화살들을 막을 화살막이를 설치할 것이다.

이처럼 맹렬한 바벨론 군대의 공격은, 마침내 강물을 사이에 두고 있는 니느웨의 성문들을 깨뜨리고 왕궁을 아수라장으로 만들 것이다. 그리고 하나님께서 이미 정하신 대로(1:14), 왕후는 벌거벗은 몸으로 포로로 잡혀갈 것이며, 시녀들은 가슴을 치며 비둘기 같이 슬피 울 것이다(6-7절). 니느웨가 이토록 허망하게 무너지는 이유는 어디에 있는가? 앗수르의 국력이 쇠퇴한 것이 가장 큰 원인이겠지만, 니느웨의 지형적인 특성에도 그 한 원인이 있었을 것이다.

본래 니느웨는 쿠사르(Khusar) 강이 동쪽 성벽으로 흘러 들어와 서쪽 성벽을 관통하고 있는데다가, 그 강물을 끌어들여 성읍 주위의 호들을 채운 까닭에, 사람들이 보기에는 성읍 전체가 마치 연못 속에 있는 것과도 같은 인상을 주고 있었다(8절). 니느웨가 가지고 있는 이러한 복잡한 수로(水路) 체계는 니느웨의 강점이면서 동시에 약점일 수도 있었다. 바벨론 군대가 니느웨를 쉽게 함락시킨 것은, 바로 그러한 방어 체제의 교란과 깊은 관련이 있을 것이다. 역설적이게도 본래 니느웨를 견고하게 하고자 했던 것이 이제는 그 성읍을 파멸에 빠뜨리는 도구로 바뀌고 만 것이다.

2. 니느웨의 완전한 멸망(2:8-13)

(8절) 니느웨는 예로부터 물이 모인 못 같더니
　　　 이제 모두 도망하니
　　　 서라 서라 하나 돌아보는 자가 없도다
(9절) 은을 노략하라 금을 늑탈하라
　　　 그 저축한 것이 무한하고
　　　 아름다운 기구가 풍부함이니라
(10절) 니느웨가 공허하였고 황무하였도다
　　　 거민이 낙담하여
　　　 그 무릎이 서로 부딪히며
　　　 모든 허리가 아프게 되며
　　　 모든 낯이 빛을 잃도다
(11절) 이제 사자의 굴이 어디뇨
　　　 젊은 사자의 먹는 곳이 어디뇨
　　　 전에는 수사자 암사자가
　　　 그 새끼 사자와 함께 거기서 다니되
　　　 그것들을 두렵게 할 자가 없었으며
(12절) 수사자가 그 새끼를 위하여 식물을 충분히 찢고
　　　 그 암사자를 위하여 무엇을 움켜서는
　　　 취한 것으로 그 굴에 채웠고

　　　　　찢은 것으로 그 구멍에 채웠었도다
　(13절) 만군의 여호와의 말씀에 내가 네 대적이 되어
　　　　　너의 병거들을 살라 연기가 되게 하고
　　　　　너의 젊은 사자들을 칼로 멸할 것이며
　　　　　내가 또 너의 노략한 것을 땅에서 끊으리니
　　　　　너의 파견자의 목소리가 다시는 들리지 아니하리라 하셨느니라

　니느웨가 당할 파멸에 대한 나훔의 환상은 계속된다. 그에 의하면, 본래 니느웨는 앗수르 제국의 수도가 될 무렵부터, 물이 가득 찬 연못처럼 거기에 거주하는 사람들로 가득한 성읍이었다. 그러나 이제 바벨론 군대의 공격을 받아 그 안에 거하는 모든 사람들이 허겁지겁 달아나게 될 것이다. 아무리 멈추라고 명하여도 누구 하나 뒤돌아보지 않을 것이다(8절). 싸워 보았자 승산이 없는데다가 괜히 성을 지킨답시고 남아 있다가는 목숨을 잃을 수도 있기 때문이다.

　사람 하나 남지 않고 다 도망가 버린 까닭에 이제 주인 없는 성읍이 되어 버린 니느웨를 바벨론 군대는 닥치는 대로 약탈할 것이다. 각종 금은보화는 물론이고 재물이 될 만한 것은 모조리 다 털어 갈 것이다(9절). 예전에는 앗수르가 다른 나라들을 정복하고 닥치는 대로 재물들을 약탈하였는데(2:2), 이제는 거꾸로 그들이 남의 나라에 약탈당하게 된다는 것이다. 그 결과 니느웨는 털리고 털려서 완전히 빈털터리가 될 것이다. 니느웨가 바벨론 군대의 공격과 약탈에 완전히 파멸하게 된 모습을 본 사람들의 가슴은 두려움에 떨릴 것이며, 그들의 무릎은 후들거릴 것이다. 그들은 끊어질 것 같은 허리와 하얗게 질린 얼굴로 서로를 쳐다볼 것이다(10절).

　나훔은 이어서 니느웨의 멸망을 사자들의 굴에 비교하여 설명함과 아

울러, 앗수르 사람들의 잔학성(殘虐性)을 사자의 잔인성에 비교한다 (11-12절). 이처럼 사자를 파괴자에 비유하는 것은 예언서에 자주 나타나는 주제이다. 이를테면 남왕국 유다를 심판할 바벨론(사 5:29; 렘 4:7)이나 북왕국 이스라엘을 심판하실 하나님(호 5:14), 그리고 원수를 진멸할 유다 백성의 남은 자(미 5:8) 등이 그러하다. 이들 중 바벨론의 경우에는 부정적인 의미의 파괴자인 반면에, 하나님과 유다 백성의 남은 자는 긍정적인 의미에서의 파괴자임이 분명하다. 나훔 역시 사자의 비유를 사용하지만, 그는 이사야나 예레미야의 경우처럼 그것을 부정적인 의미에서의 파괴자를 지칭하는 데 사용한다.

나훔이 사용한 비유에 의하면, 앗수르는 맹수들의 제왕인 사자와도 같이 강성했고 그 수도인 니느웨는 사자굴처럼 안전한 곳이었다. 니느웨라는 사자굴은 사자들이 자기 새끼들을 먹이던 곳이요, 수사자와 암사자와 새끼 사자가 겁 없이 드나들던 곳이었던 것이다. 수사자(앗수르)는 자기 새끼에게 먹이를 넉넉하게 먹이려고 숱한 짐승들(약소 국가)을 죽였고, 암컷에게도 많이 먹이려고 사냥하여 온 것(약소 국가)으로 바위굴을 가득 채웠다. 그러나 이제는 그 굴이 텅 빌 것이요, 그 안에 있던 새끼 사자들조차 칼에 맞아 죽을 것이다. 이것은 사자와도 같던 앗수르가 이제는 거꾸로 하나님의 치심을 받아 다른 나라들의 먹이가 될 것임을 뜻한다.

하나님의 대적하심(13절 상반절)을 받는 자는 그가 설령 사자와 같이 강하다 할지라도 하나님의 심판을 피하지는 못한다. 악을 행하는 자들은 반드시 어떤 형식으로든 하나님의 벌을 받게 마련이기 때문이다. 하나님의 역사 주권에 의하면, 폭력과 악의 열매들은 반드시 그것을 행하는 자들에게 돌아가야 하는 것이다. 앗수르 제국의 잔인한 행위가 바로 그러했다. 그에 대한 형벌로 하나님께서는 앗수르의 병거를 불살라서 연기와 함께 사라지게 하실 것이며, 이 세상에서 그들이 먹을 수 있는 것들을 전혀 남기지 않으실 것이다. 달리 말해서 앗수르가 더 이상 약한 나라들을 삼키지 못하게끔 앗수르를 멸하실 것이다.

그리하여 앗수르가 다른 나라들에 보낸 파견자(사신)들의 목소리(전갈)가 이제 다시는 들리지 않을 것이다(13절). 물론 여기서 말하는 사신들은 약한 나라들에게서 조공품을 받아 내거나 굴복과 예속을 강요하는 불평등 조약을 실행하는 자들을 말한다. 이들의 목소리가 다시는 들리지 않을 것이라는 나훔의 예언은 유다 백성에게 평화의 소식을 알리는 전령사(傳令使)가 산을 넘어서 달려온다는 1장 15절의 메시지와 뚜렷한 대조를 이루고 있다: "볼찌어다 아름다운 소식을 보하고 화평을 전하는 자의 발이 산 위에 있도다…".

그런데 이상에 언급한 니느웨 멸망의 메시지는 오늘의 역사적인 상황 속에서도 어김없이 이루어진다. 세계 역사를 두고 볼 때, 강포와 악을 행한 나라치고 하나님의 형벌을 받아 망하지 않은 나라가 어디에 있는가! 하나님의 공의로운 심판은 나라와 민족을 가리지 않으며, 옛날이나 지금이나 똑같이 이루어진다. 평화와 정의를 행하지 않는 나라는 비록 그들이 아무리 강성하다 할지라도, 하나님의 준엄한 심판을 피하지 못한다. 약한 나라를 괴롭히는 오늘날의 강대국들도 이 점을 잊어서는 안 될 것이다. 그들 역시 그 강포함과 폭력으로 인해 언젠가는 휘몰아치는 하나님의 진노에 직면할 것이기 때문이다. 그들은 하나님의 역사 주권을 인정하지 않음으로써 이미 하나님의 심판을 받은 것이다.

Ⅳ. 니느웨의 죄와 그에 대한 심판(3장)

1. 니느웨의 죄(3:1-4)

(1절) 화 있을찐저 피 성이여
그 속에서는 궤휼과 강포가 가득하며
늑탈이 떠나지 아니하는도다
(2절) 휙휙하는 채찍 소리,
굉굉하는 병거바퀴 소리,
뛰는 말, 달리는 병거,
(3절) 충돌하는 기병, 번쩍이는 칼,
번개같은 창, 살륙 당한 떼,
큰 무더기 주검, 무수한 시체여
사람이 그 시체에 걸려 넘어지니
(4절) 이는 마술의 주인 된 아리따운 기생이
음행을 많이 함을 인함이라
그가 그 음행으로 열국을 미혹하고
그 마술로 여러 족속을 미혹하느니라

나훔은 3장을 시작하면서 처음이자 마지막으로 일종의 저주 신탁(神託)인 "화 있을찐저!"(더 정확하게는 "저주를 받아라!"; 히브리어로는 '호이')를 사용한다. 이 "화 있을찐저!"는 예언자들이 하나님의 저주를 선포하는 데 사용하는 전문 용어로서, 아모스(5:18; 6:1), 이사야(5:8; 10:2, 5; 33:1), 미가(2:1), 하박국(2:6, 9, 12, 15, 19), 에스겔(24:6, 9) 등에 자주 나타난다. 예수께서도 외식(外飾)하는 서기관들과 바리새인들을 향해 "화 있을찐저!"라는 저주의 메시지를 여러 차례 선포하신 바가 있었다(마 23:13-36).

그런데 이러한 저주의 신탁은 일반적으로 죄악에 대한 고발과 심판의 선고라는 두 가지 요소를 가지고 있다. 나훔서 3장에도 이 두 가지 요소가 잘 나타나 있는바, 3:1-4이 죄악에 대한 고발이라면 3:5-13은 심판 선고라 할 수 있다. 먼저 1-4절을 보도록 하자. 이 본문에서 나훔은 니느웨의 죄악을 크게 두 가지로 요약하여 말한다. 그 하나는 니느웨가 피의 성읍이라고 불릴 정도로 협잡과 강포 및 약탈로 가득 찬 도시라는 데에 있었다(3:1). 앗수르는 거짓말과 폭력과 노략질을 통해서 세계 평화를 깨뜨리고, 또 약소 국가의 백성들을 무자비하게 살육한 까닭에, 공의의 하나님께 벌을 받아 마땅하다는 것이다.

나훔은 앗수르의 잔인성을 2절과 3절에서 더욱 구체적으로 묘사한다. 그가 묘사하는 잔혹한 앗수르 군대의 모습은 찢어지는 듯한 말 채찍질 소리, 요란하게 울리는 병거 바퀴 소리, 뛰는 말, 달리는 병거, 충돌하는 기병, 번쩍이는 칼, 번개같은 창 등의 무서운 모습을 가지고서 나타난다. 앗수르 군대의 이처럼 무서운 습격 앞에서는 어느 누구도 버티지 못한다. 이들 앞에서 다치는 사람은 셀 수도 없이 많고 시체는 산더미처럼 쌓여서 사람이 그 위에 걸려 넘어질 정도였다.

앗수르 군대의 잔혹함은 앞서 소개한 사자 비유(2:12)나 앗수르가 이집트의 노아몬(테베)을 공격하면서 저지른 만행에도 잘 나타나 있다. 그 때에 앗수르 군대는 어린 아이들을 길 모퉁이 모퉁이에 메어쳐 그 몸을 부숴뜨렸으며, 귀족들은 제비를 뽑아 포로로 잡아갔고, 관리들은 쇠사슬로 묶어서 끌고 갔다(3:10). 3장 19절 하반절 역시 앗수르 사람들의 계속되는 학대를 받지 않았다고 할 사람이 세상 어디에도 없다고 말함으로써, 앗수르의 잔학성을 있는 그대로 고발하고 있다.

나훔이 지적하는 니느웨의 두 번째 죄는, 앗수르가 강대국의 무력을 이용하여 약소 국가에게 그들의 종교를 강요했다는 데에 있었다. 즉, 앗수르는 피지배 국가의 백성들로 하여금 그들 자신의 종교를 포기하게 했을 뿐만 아니라, 그들에게 자기 나라의 잡다한 신들을 억지로 숭배하게 만들었던 것이다. 나훔은 앗수르의 이러한 죄악을 아리따운 기생(창녀)의 음행(淫行)에 비유하고 있다. 마술을 써서 사람을 홀리듯이 여러 민족들을 꾀었고, 음행으로 여러 약한 나라들을 홀렸다는 것이다(4절).

앗수르의 이러한 죄악들을 염두에 둔다면, 북왕국 이스라엘이 앗수르에게 멸망당할 때 얼마나 큰 학대를 받았는가를 금방 알 수 있다. 나중에 남왕국 유다가 앗수르로부터 어떠한 위협을 받았을 것인가도 마찬가지이다. 남왕국 유다의 몇몇 왕들은 강대국인 앗수르를 두려워한 나머지, 아예 그들과 화친 조약 관계 - 그것이 불평등 조약임을 알면서도 - 를 맺기까지 할 정도였다. 그 결과 유다 백성은 때때로 자신의 운명을 앗수르의 처분에 맡겨야만 하는 굴욕을 당해야 했고, 다른 한편으로는 야웨 하나님 대신에 앗수르 사람들의 신들을 섬겨야 하는 종교적인 속박을 감수해야만 했다.

그러기에 이러한 예속 관계를 잘 아는 왕들은, 앗수르와의 관계를 끊음으로써 앗수르의 문화나 종교로부터 자유를 얻으려고 애쓰기도 했다. 그 대표적인 왕이 바로 히스기야였다: "저가 앗수르 왕을 배척하고 섬기지 아니하였고"(왕하 18:7). 그러나 앗수르의 왕 산헤립(704-681)은 히스기야의 행동에 분노한 나머지 군대를 이끌고서 두 차례에 걸쳐 예루살렘을 공격하였다(주전 701년). 히스기야는 하나님의 도우심으로 산헤립의 두 번째 공격을 잘 막아내었지만(왕하 18:17-19:37), 산헤립의 첫 번째 공격에서는 성전에 있는 금과 은을 다 모아 바침으로써 위기를 모면할 수 있었다(왕하 18:13-16).

2. 하나님의 심판(3:5-13)

(5절) 만군의 여호와의 말씀에 내가 네 대적이 되어서
　　　네 치마를 걷어쳐 네 얼굴에 이르게 하고
　　　네 벌거벗은 것을 열국에 보이며
　　　네 부끄러운 곳을 열방에 보일 것이요
(6절) 내가 또 가증하고 더러운 것을 네 위에 던져
　　　능욕하여 너로 구경거리가 되게 하리니
(7절) 그 때에 너를 보는 자가 다 네게서 도망하며
　　　이르기를 니느웨가 황무하였도다
　　　누가 위하여 애곡하며
　　　내가 어디서 너를 위로할 자를 구하리요 하리라 하시도다
(8절) 네가 어찌 노아몬보다 낫겠느냐
　　　그는 강들 사이에 있으므로 물이 둘렸으니
　　　바다가 성루가 되었고 바다가 성벽이 되었으며
(9절) 구스와 애굽이 그 힘이 되어 한이 없었고
　　　붓과 루빔이 그의 돕는 자가 되었으나
(10절) 그가 포로가 되어 사로잡혀 갔고
　　　그 어린 아이들은 길 모퉁이 모퉁이에 메어침을 당하여 부서졌으며
　　　그 존귀한 자들은 제비 뽑혀 나뉘었고
　　　그 모든 대인은 사슬에 결박되었나니
(11절) 너도 취한 바 되어 숨으리라
　　　너도 대적을 인하여 피난처를 찾아보리라
(12절) 너의 모든 산성은 무화과나무의 처음 익은 열매가
　　　흔들기만 하면 먹는 자의 입에 떨어짐과 같으리라
(13절) 너의 중 장정들은 여인 같고
　　　너의 땅의 성문들은 너의 대적 앞에 넓게 열리고
　　　빗장들은 불에 타도다

나훔은 니느웨가 이상에서 지적한 두 가지의 죄로 인하여, '하나님의

대적하심을 받아'(5절; 2:13) 철저하게 망할 것이라고 말한다. 1장과 2장에서도 부분적으로 니느웨의 심판에 대해서 언급한 바 있던 나훔은, 3장 5절 이하에서 다시금 니느웨에 임할 하나님의 심판이 어떠할 것인가를 자세하게 묘사한다. 그 중에서도 5절과 6절은 니느웨가 받을 심판을 젊은 여자가 당할 수치에 비유하고 있는바, 이 구절들에 의하면, 하나님은 음행으로 뭇 나라와 뭇 민족을 유혹한 니느웨 여인의 치마를 얼굴 위로 걷어 올려서, 그 벌거벗은 것을 뭇 나라가 보게 하고, 그 부끄러운 곳을 뭇 왕국이 보게 하실 것이다.

또한 뭇 나라 사람들로 하여금 가증하고 더러운 것들(오물)을 그녀에게 던지게 함으로써 그녀를 부끄럽게 하실 것이며, 또 그녀를 모든 사람들에게 구경거리가 되게 하실 것이다. 이러한 수치가 여인에게는 죽음과도 같다는 사실을 고려할 때, 니느웨가 벌거벗기운다는 것은 곧 니느웨의 멸망을 뜻함이 분명해진다. 호세아는 북왕국 이스라엘에 대한 하나님의 심판을 이러한 비유로 설명한 적이 있다: "이제 내가 그 수치를 그 연애하는 자의 눈앞에 드러내리니 저를 내 손에서 건져낼 사람이 없으리라"(호 2:10). 이사야도 바벨론이 하나님의 심판을 받아 멸망할 것임을 같은 방식으로 설명한다: "네 살이 드러나고 네 부끄러운 것이 보일 것이라 내가 보수하되 사람을 아끼지 아니하리라"(사 47:3). 예레미야(13:26)와 에스겔(16:37-41) 역시 남왕국 유다에 대한 하나님의 심판이 여자를 벌거벗겨 부끄럽게 하는 것과도 같은 방식으로 이루어질 것임을 밝히고 있다:

> 그러므로 내가 네 치마를 네 얼굴에까지 들춰서 네 수치를 드러내리라(렘 13:26)

> 내가 너의 즐거워하는 정든 자와 사랑하던 모든 자와 미워하던 모든 자를 모으되 사방에서 모아 너를 대적하게 할 것이요 또 네 벗은 몸을 그 앞에 드러내어 그들로 그것을 다 보게 할 것이며 내가 또 간음하고 사람의 피를 흘리는 여인을 국문함 같이 너를 국문하여 진노의 피와 투기의 피를 네게 돌리고 내가 또 너를 그들의 손에 붙이리니 그들이 네 누를 헐며 네 높은 대를 훼파하며 네 의복을 벗기고 네 장식품을 빼앗고 네 몸을 벌거벗겨 버려두며(겔 16:37-39)

한편, 니느웨의 수치스러운 파멸을 대하는 사람들의 태도는 문자 그대로 구경꾼의 그것이 될 것이다. 니느웨의 파멸을 고소하게 생각했으면 했지, 어느 누구도 니느웨를 애도하지는 않을 것이다. 앗수르가 자신을 애도할 자를 구하려고 해도 사람들은 다 달아날 것이며, 앗수르를 돕고자 하는 사람들조차도 그를 위로할 자를 찾아오지 못할 것이다(7절). 이는 앗수르 제국의 철권 통치에 당한 뭇 나라 백성들의 반감과 증오심이 어느 정도인가를 짐작하게 해준다.

물론 앗수르는 한때 이집트의 노아몬을 정복할 정도로 강성했었다. 여기서 '노아몬'은 '아몬의 성읍'이라는 뜻으로, 태양신 아몬(Amon)을 섬기는 이집트의 수도 테베(Thebes)를 지칭한다. 테베는 때때로 그냥 '노'(No)라고 불리기도 했다: "나 만군의 여호와 이스라엘의 하나님이 말하노라 보라 내가 노의 아몬과 바로와 애굽과 애굽 신들과 왕들 곧 바로와 및 그를 의지하는 자들을 벌할 것이라"(렘 46:25; 겔 30:14-16). 그런데 이 노아몬은 니느웨와 마찬가지로 강물(나일강)에 둘러 싸여 있는데다가, 강 바로 양쪽에 깎아지른 듯한 절벽들이 있는 나일 계곡에 위치해 있어서, 천연의 요새로, 그리고 난공불락의 강한 성읍으로 알려져 있었다.

게다가 당시에는 구스(이디오피아)와 이집트의 여러 성읍들이 노아몬에게 얼마든지 힘이 되어 주었다. 특히 이집트 제25왕조(주전 716-663년)는 이디오피아 계의 왕들이 다스릴 정도였다. 이집트 동쪽에 있던 붓(아마도 지금의 소말리아; 창 10:6)과 서쪽의 루빔(리비아) 역시 이집트의 노아몬을 위해 희생을 아끼지 않았었다(8-9절; 렘 46:9 참조). 이처럼 철옹성과도 같은 노아몬을 앗수르가 정복했으니 그 강성함이 어떠했겠는가! 뿐만 아니라 당시에 앗수르는 강대국들이 흔히 그러하듯이(왕하 8:12 참조), 노아몬을 도와준 성읍들의 주민을 다 포로로 사로잡아 가고, 어린 아이들은 길거리 모퉁이에 메어쳐 죽이는가 하면, 귀족들이나 관리들을 제비 뽑아 쇠사슬로 묶어 끌고 갔을 정도였다(10절).

그러나 이제는 상황이 달라질 것이다. 지금의 앗수르는 자기들이 지난날에 정복했던 노아몬보다 못했으면 못했지 더 나은 것이 하나도 없기 때문이다. 이제 머잖아 앗수르는 술에 취한 듯이 갈팡질팡할 것이며, 원수(바벨론)를 피하여 숨을 곳을 찾아 허둥지둥할 것이다(11절). 달리 말해서 앗수르 사람들은 하나님의 진노의 잔을 마시고서 정신을 못차린 채로 비틀거릴 것이다(사 51:17, 21-23; 렘 25:15-28; 애 4:21; 겔 23:33-34; 옵 16절; 합 2:16). 그런데도 어떤 이들은 자기 나라의 군사력을 믿고서 절대로 그런 일이 없을 것이라고 생각할는지 모른다. 그러나 11절에 두 번씩이나 나오는 '너도' 라는 표현은 그러한 생각이 크게 잘못된 것임을 분명하게 지적하고 있다.

이를 더 실감나게 표현하기 위해, 나훔은 앗수르의 모든 견고한 성읍들이 제 철이 되면 무화과나무 열매가 땅에 떨어지듯이 무너지되, 처음 익은 무화과나무의 열매가 흔들기만 하면 먹을 이의 입에 떨어지는 것처럼 쉽게 무너질 것이라고 말한다(12절). 나라를 지키는 장정(壯丁)들이 있기는 하지만 그들은 모두가 다 힘없는 여자들 같아서 나라를 파멸에서 구하지 못할 것이다(사 19:16; 렘 51:30 참조). 빗장이 불에 타버린 앗수르 땅의 성문들은 밀어닥치는 침략군들(바벨론) 앞에 활짝 열릴 것이다(13절).

3. 니느웨를 향한 조롱(3:14-19)

(14절) 너는 물을 길어 에워쌀 것을 예비하며
　　　 너의 산성들을 견고케 하며
　　　 진흙에 들어가서 흙을 밟아
　　　 벽돌 가마를 수리하라
(15절) 거기서 불이 너를 삼키며 칼이 너를 베기를
　　　 늦의 먹는 것 같이 하리라
　　　 네가 늦 같이 스스로 많게 할찌어다
　　　 네가 메뚜기 같이 스스로 많게 할찌어다
(16절) 네가 네 상고를 하늘의 별보다 많게 하였으나
　　　 황충이 날개를 펴서 날아감과 같고
(17절) 너의 방백은 메뚜기 같고
　　　 너의 대장은 큰 메뚜기 떼가
　　　 추운 날에는 울타리에 깃들였다가
　　　 해가 뜨면 날아감과 같으니
　　　 그 있는 곳을 알 수 없도다
(18절) 앗수르 왕이여 네 목자가 자고
　　　 네 귀족은 누워 쉬며 네 백성은 산들에 흩어지나
　　　 그들을 모을 사람이 없도다
(19절) 네 다친 것은 고칠 수 없고 네 상처는 중하도다
　　　 네 소식을 듣는 자가 다 너를 인하여 손뼉을 치나니
　　　 이는 네 악행을 늘 받지 않은 자가 없음이 아니냐

나훔은 이처럼 수치스러운 앗수르의 파멸에 대해서 얘기하면서, 마지막으로 14-19절에서 앗수르를 향한 조롱의 노래(14-17절)와 장례식 노래(18-19절)를 겸하여 부른다. 먼저 그는 14절에서 조롱하는 투로 바벨론 군대의 포위에 대비하여 마실 물이나 많이 길어두고, 또 요새를 탄탄하게 해두어야 할 것이라고 충고한다. 수렁 속으로 들어가서 진흙을 짓이겨 벽돌을 찍어내고, 그것으로 여러 성읍들을 더욱 견고하게 하라는 것이다. 그러나 그렇게 한들 이미 결정된 하나님의 심판을 어떻게 피할 수 있겠는가! 늦(느치)이 풀을 먹어 치우듯이 불이 앗수르 사람들을 삼킬 것이며, 칼이 그들을 벨 것이다.

나훔은 또한 15절 하반절에서도 앗수르에게 늦처럼 스스로를 많게 하고, 메뚜기처럼 스스로를 많게 하라고 조롱한다. 그러면서 그는 설령 앗수르의 경제를 지탱하는 상인(商人)들이 하늘의 별보다 많다고 해도, 늦이 일정한 때가 되면 허물을 벗고 날개를 펴서 날아가 버리듯이, 그들 역시 어디론가 다 사라져 버릴 것이라고 말한다(16절). 설령 앗수르의 방백들이 메뚜기 떼처럼 많고 앗수르의 관리들이 늦처럼 많다 할지라도, 메뚜기 떼가 추울 때에는 울타리에 붙어 있다가 해가 떠오르면 날아가고 말듯이, 그들은 도무지 알 수 없는 곳으로 다 사라져 버릴 것이다(17절). 그렇게 되면 니느웨는 완전히 무방비 상태에 빠져들 것이며, 어느 누구도 도와줄 수 없는 지경에 처하게 될 것이다.

니느웨에 대하여 이상의 조롱가(taunt song)를 부른 나훔은, 이어서 앗수르 왕을 향해서 장례식 노래를 부르면서, 앗수르가 받을 징벌이 어떠한 결과를 가져오는지를 담담하게 설명한다. 그의 설명에 의하면, 앗수르의 목자(지도자)들과 귀족들은 다시는 소생할 수 없는 죽음의 길에 들어설 것이며, 앗수르의 백성들은 이 산 저 산으로 뿔뿔이 흩어져서 다시 모을 사람이 없을 것이다(18절). 앗수르가 받은 상처는 도저히 고칠 길이 없을 정도의 치명상이어서, 앗수르가 망했다는 소식을 듣는 자마다 손뼉을 치며 크게 기뻐할 것이다. 여기서 손뼉을 친다는 것은 기쁨을 뜻하기도 하지만, 다른 한편으로는 평소에 싫어하던 자가 재난을 당했을 때 그것을 조롱하는 것을 뜻한다: "무릇 지나가는 자는 다 너를 향하여 박장하며 처녀 예루살렘을 향하여 비소하고 머리를 흔들며 말하기를 온전한 영광이라, 천하의 희락이라 일컫던 성이 이 성이냐 하며"(애 2:15; 욥 27:23).

이스라엘 백성이 앗수르의 패망을 기뻐하고 파멸 당한 앗수르를 그렇게 조롱하는 이유는 간단하다. 앗수르가 지난날에 그의 학대를 받지 않았다는 사람이 없을 정도로 광범위하게 강포와 포악을 행했기 때문이다(19절; 사 37:10-13). 그러니 앗수르가 망했다는 소식에 앗수르를 불쌍히 여기며 그에게 동정심을 베풀겠는가! 상처투성이가 되어 멸망 일보 직전에 놓여 있는 앗수르를 조롱하며 그 멸망을 기뻐했으면 했지, 누구 하나 나서서 패망한 앗수르를 위해 탄식하거나 그의 멸망을 애도하지는 않을 것이다.

하박국
HABAKKUK

I. 서론
II. 하박국의 질문과 하나님의 답변(1:1-2:4)
III. 바벨론에 임할 하나님의 심판(2:5-20)
IV. 찬미의 노래(3장)

I. 서론

1. 하박국서의 특징 및 인물

대부분의 소예언서들이 그 서두에서 예언자의 고향이나 활동 시기, 또는 그의 아버지 등에 대해서 언급하는 것과는 달리, 하박국서는 하박국의 고향이나 그의 아버지 또는 그가 활동하던 당시의 시대적인 배경 등에 대해서 아무런 단서도 제공하고 있지 않다. 단지 1장 1절의 표제와 3장 1절의 표제에서 하박국이라는 이름을 두 번에 걸쳐 소개하고 있을 뿐이다. 그러나 이것만 가지고서는 하박국이 어떠한 인물인지를 알 길이 없다. 이 점은 오바댜서와 말라기서에 있어서도 마찬가지이다.

그런데 어떤 이는 하박국이라는 이름이 정원(庭園) 식물을 뜻하는 악카드어 '함바쿠쿠'(hambakuku)와 관련된 별명일지도 모른다고 추측한다. 그러나 이것은 어디까지나 추측에 지나지 않는다. 또 어떤 이들은 하박국이 본래 예루살렘의 성전 예배에서 활동하던 이른바 제의 예언자(cultic prophet)이지 않았을까 하고 추정한다. 그 이유는 두 번에 걸친 하박국의 질문이 전형적인 탄식시 - 제의와 깊은 관련을 가지고 있는 - 의 모습을 보이는데다가, 마지막 3장에 있는 노래는 처음부터 끝까지 제의와 관련된 찬양시의 형태를 가지고 있기 때문이라는 것이다. 또한 하박국의 탄식이나 찬양이 제의 공동체를 위한 중재 기도의 성격을 갖는다는 점도 그 한 이유일 것이다.

한편, 하박국은 나훔이나 스바냐와 동일하게 포로기 직전의 남왕국 유다에서 활동한 예언자이다. 사실 이들 세 사람의 책은 한결같이 멸망 직전의 유다 사회가 안고 있는 문제점들을 지적하고 있으며, 공교롭게도 모두가 다 세 개의 장(章)으로 이루어져 있다. 그러나 그 중에서도 하박국의 메시지는 다소 특별한 데가 있다. 왜냐하면 그는 문서 예언자들 가운데 유일하게 하나님의 공의 문제, 곧 신정론(神正論, theodicy) 문제를 다루고 있는 예언자이기 때문이다.

달리 말해서 하박국은 하나님께서 왜 그의 의로운 백성으로 하여금 고난을 당하게 내버려 두시느냐를 문제삼고 있는 것이다. 이러한 문제 제기의 뒷면에는, 의로운 사람들을 괴롭히는 악인들이 아무런 벌도 받지 않은 채로 형통한 삶을 누리고 있는 뒤틀린 현실이 가로 놓여 있다. 그러므로 하박국은 의인이 당하는 고통과 악인이 누리는 형통 사이에서 하나님의 공의가 과연 어디에 있는가를 심각하게 묻고 있는 것이다.

그러나 다른 한편으로 하박국서는 역설적이게도 하나님의 공의와 그의 역사 주권을 다른 어떤 예언서보다도 강조하는 책이기도 하다. 즉, 악인을 벌하시고 의인을 구원하시는 하나님의 선하신 뜻과 그것의 성취를 특히 강조하는 책인 것이다. 하박국의 물음에 대한 하나님의 두 차례에 걸친 답변이 이를 뒷받침한다. 하박국이 하나님의 답변을 듣고서 부르는 것으로 알려진 찬미의 노래(3장)도 마찬가지이다. 이 노래는 하나님께서 자신의 약속을 반드시 지키신다는 것을 확신하고 있기 때문이다. 따라서 하박국서는 무엇보다도 신실한 하나님의 백성들을 위해 쓰여진 책이라고 할 수 있다.

2. 시대적인 배경

하박국서는 그 서두에 하박국의 신상에 관해 아무런 암시도 주지 않고 있지만, 그 내용을 종합적으로 검토하여 보면, 예언자 하박국의 대략적인 연대 추정이 가능해진다. 특히 남왕국 유다의 악한 자들을 멸할 갈대아 사람에 대해서 언급하고 있는 1장 6절이 그러하다. 이 구절에 의한다면, 하박국은 갈대아 사람들(바벨론)이 남왕국 유다를 침공하기 얼마 전에 예언자로 부름을 받았다고 할 수 있다. 따라서 하박국은 나훔보다는 약간 늦은 시기에 예언자로 부름을 받은 셈이다. 보다 정확하게는 남왕국의 여호야김 시대(주전 609-598년)에 예언 활동을 시작한 것으로 알려져 있다. 하박국의 이러한 활동 연대는 그가 나훔이나 스바냐와 동일하게 포로기 직전의 남왕국 유다에서 활동한 예언자임을 보여 준다.

그렇다면 하박국이 예언자로 활동하던 무렵의 역사적인 상황은 어떠했는가? 남왕국 유다의 요시야 왕(640-609년)은 앗수르 제국의 전성기를 이루었던 앗수르바니팔(Ashurbanipal; 668-627년) 왕이 주전 627년에 죽음으로써 앗수르 제국의 영향력이 현저하게 감소되자, 이미 멸망한 북왕국 이스라엘의 지역에까지 자신의 세력을 확장하였다(대하 34:6-7). 이어 그는 모든 외세(外勢)를 배격하는 한편, 국내의 모든 이방 종교를 제거하는 대대적인 종교개혁을 일으켰다(왕하 23:1-25; 대하 34:3-35:19). 그의 종교개혁은 성전을 수리하던 중에 발견한 율법책에 의해 본격화되었으며(621년경), 그가 죽을 때까지 계속되었다. 그러나 불행하게도 요시야 왕은 주전 609년에 앗수르를 돕기 위해 올라가던 이집트 왕 느고(Necho; 610-594) 2세의 군대를 방비하다가 므깃도에서 죽고 말았다(왕하 23:28-29).

한편, 앗수르는 주전 612년에 신바벨론 제국의 나보폴라살(626-605)에 의해 수도인 니느웨가 함락됨으로써, 공식적으로 역사의 무대에서 사라지게 된다. 비록 앗수르의 마지막 왕이었던 앗수르우발리트(Ashuruballit) 2세(612-609)가 바벨론 군대를 피하여 하란 지역으로 피신하기는 했지만, 하란 역시 오래 가지 못하고서 함락되었다(610년). 이에 앗수르우발리트 2세는 하란을 탈환하기 위해 이집트에 원군을 요청하였고, 당시에 이집트의 왕이었던 느고 2세는 그를 돕기 위해 하란 부근의 갈그미스(Carchemish)로 갔지만 소용이 없었다(609년). 앗수르우발리트 2세는 결국 하란을 탈환하지 못하고서, 마침내 주전 609년에 완전히 망하고 말았던 것이다.

남왕국 유다의 요시야는 바로 이 앗수르우발리트 2세를 돕기 위해 가던 느고 2세의 군대를 방비하려다가 죽은 것이다. 그가 죽고 난 후 종교 개혁의 성과는 완전히 무효가 되고, 남왕국 유다는 다시금 혼란에 빠져들고 말았다. 권력층의 부정과 부패가 나라를 어지럽혔으며, 강대국의 압제에 시달려 종교적인 무질서 상태가 거듭되었다. 유다 백성은 요시야가 죽은 후에 그의 둘째 아들 여호아하스를 왕으로 세웠지만, 이집트는 3개월만에 그를 폐위시키고 말았다. 이집트는 그 대신에 요시야의 장남 엘리아김을 여호야김이라는 이름으로 바꾸어 왕으로 내세웠다. 이로써 남왕국 유다는 당분간 이집트의 지배 아래 놓이게 되었다(왕하 23:30-35).

그러나 이집트도 605년에 갈그미스에서 바벨론의 느부갓네살(605-562년)에게 패배함으로써, 마침내 국제 무대의 주도권을 바벨론에게 넘겨줄 수밖에 없었다(왕하 24:7). 바벨론의 느부갓네살은 이집트의 세력을 평정한 다음에, 두 차례에 걸쳐 남왕국 유다를 공격하였는데, 두 번째의 공격에서 유다 왕국을 멸망시켰다(왕하 25:1-12). 그 때는 주전 587년이었다. 남왕국 유다가 망한 것은, 사실 지배 계층을 비롯한 모든 유다 백성이 하나님께 크게 범죄했기 때문이었다. 하나님의 심판을 받아 망한 것이다. 하박국이 예언자로 부름 받은 것은 유다 왕국이 이처럼 멸망하기 직전인 여호야김 시대의 혼란 시기였다.

3. 하박국서의 구성

하박국서는 전체적으로 보아 그 내용을 크게 세 부분으로 나눌 수 있다. 첫 번째 부분은 1장 1절에서 2장 4절까지로서 예언자 하박국과 하나님 사이의 대화를 그 중심 내용으로 가지고 있다. 그리고 2장 5절에서 20절까지의 두 번째 부분은 사악한 나라 바벨론에 대한 저주 신탁(또는 조롱의 노래)이 중심을 이루고 있다. 마지막으로 3장 전체는 하박국이 하나님의 답변에 응답하는 마음으로 부르는 찬미의 노래라 할 수 있다. 하박국서의 이 세 부분은 결국 이 책이 대화와 예언 신탁 및 노래 등의 세 가지 요소로 이루어져 있음을 알게 해준다.

이를 보다 구체적으로 살핀다면, 하박국서의 첫 번째 부분은 하나님께 불평하고 하소연하는 하박국의 질문과 그에 대한 하나님의 답변으로 이루어져 있다. 먼저 하박국이 하나님의 공의에 대해서 물으면 하나님께서 그 물음에 답변하시고, 또 다시 하박국이 하나님의 공의에 대해서 물으면 하나님께서 다시금 그의 질문에 답변하시는 방식을 취하고 있는 것이다(1-2장). 물론 두 번에 걸친 하박국의 질문은 당연히 탄식시(歎息詩)의 형태를 가지고 있으며, 하나님의 답변은 신탁(oracle)의 형식을 가지고 있다.

하나님의 답변에 관하여 한 가지 주목할 것은, 그것이 악인들에 대한 심판의 말씀들로 이루어져 있다는 사실이다. 그 첫 번째 답변은 유다 백성의 악한 자들에 대한 심판의 메시지요, 두 번째 것은 바벨론 제국에 대한 심판의 말씀이다. 여기서 중요한 것은 이러한 심판의 말씀들이 하박국과 같이 의로운 유다 백성들에게는 구원과 희망의 메시지로 나타난다는 점이다. 특히 두 번째 답변이 그러하다. 이 두 번째 답변은 2장 5절부터 20절까지에 "화 있을찐저!"라는 저주의 외침으로 시작되는 다섯 개의 심판 메시지를 포함하고 있다.

그리고 마지막으로 3장에서는 하나님의 구원에 대한 하박국의 응답이 찬양시(讚揚詩)의 형태를 가지고서 나타난다. 이 시는 1인칭 서술이 반복되는 2절과 16절을 경계선으로 하여, 하나님의 나타나심과 그 결과에 대하여 묘사하는 전반부(2-15절)와 하박국의 신앙고백에 대하여 서술하는 후반부(16-19절)로 나누인다. 이상을 볼 때 분명해지는 것은, 하박국서가 하나님의 공의 문제에 대한 불평과 탄식으로부터 시작하여, 하나님의 구원에 대한 기쁨의 찬가로 끝나고 있다는 점이다. 하박국서의 이러한 구성을 알기 쉽게 내용별로 정리하면 다음과 같다.

1. 하박국의 질문과 하나님의 답변(1:1-2:4)
    (1) 하박국의 첫 번째 질문(1:1-4)
    (2) 하나님의 첫 번째 답변(1:5-11)
    (3) 하박국의 두 번째 질문(1:12-17)
    (4) 하나님의 두 번째 답변(2:1-4)

2. 바벨론에 임할 하나님의 심판(2:5-20)
    (1) 첫 번째 저주 신탁(2:5-8)
    (2) 두 번째 저주 신탁(2:9-11)
    (3) 세 번째 저주 신탁(2:12-14)
    (4) 네 번째 저주 신탁(2:15-17)
    (5) 다섯 번째 저주 신탁(2:18-20)

3. 찬미의 노래(3:1-19)
    (1) 하나님의 나타나심(3:1-15)
    (2) 하박국의 신앙고백(3:16-19)

4. 중심 메시지

하박국은 불의와 악이 판치는 당시 유다 나라의 모습을 보면서, 하나님의 공의가 어디에 있는지 모르겠다고 하나님께 하소연한다. 불평과 원망이 섞인 하박국의 이러한 하소연에, 하나님은 갈대아 사람들(바벨론)을 일으켜서 남왕국 안에 있는 악인들을 징벌할 때가 곧 올 것이라고 말씀하신다. 여기서 분명해지는 것은 하나님께서는 자기 백성 안에 있는 불의와 악을 결코 내버려두지 않으신다는 점이다. 하나님의 공의에는 절대로 빈틈이 있을 수가 없는 것이다.

그럼에도 불구하고 하박국의 마음 속에 있는 의문은 사라지지 않는다. 그래서 그는 하나님이 왜 원수와도 같이 악한 바벨론을 도구로 하여 자기 백성을 징계하려고 하시는지 모르겠다고 불평한다. 이에 대해서 하나님은 악인들을 벌할 바벨론 역시 그 교만함으로 인하여 심판을 면치 못할 것임을 강조하신다. 비록 바벨론이 하나님의 백성을 벌하는 데 도구로 사용되기는 하지만, 바벨론 역시 그들 자신의 악행으로 인해 하나님께 벌을 받지 않을 수 없다는 것이다. 이것은 하나님의 역사 주권이 그의 백성에게만 미치는 것이 아니라, 세상 모든 나라들에 미치고 있음을 분명하게 보여 준다.

이와 아울러 하나님은 유다 백성을 비롯한 세상의 모든 의인들이 그가 가진 믿음으로 말미암아 구원을 얻을 것이라는 말씀을 주신다. 악한 사람들에 대한 하나님의 심판이 인종이나 국적을 가리지 않는 것과 마찬가지로, 의로운 사람들 역시 인종이나 국적에 관계없이 하나님의 보편적인 구원을 맛볼 수 있다는 것이다. 하나님의 이러한 답변에서 새로운 희망을 발견한 하박국은, 마침내 자신이 품고 있던 모든 의문들에 대한 해답을 얻은 가운데 하나님의 위대하심을 찬양하면서, 어떠한 환경 속에서도 하나님은 충분히 신뢰할 수 있는 분임을 찬미하는 노래를 부른다.

II. 하박국의 질문과 하나님의 답변(1:1-2:4)

1. 표제에 대한 해설(1:1)

(1절) 선지자 하박국의 묵시로 받은 경고라

나훔서의 표제와 마찬가지로 간략하게 처리되어 있는 하박국서의 표제는, 우리에게 하박국에 관하여 세 가지의 사실을 알게 해준다. 그 하나는 이 표제가 하박국이 예언자(預言者; 히브리어로 '나비')의 신분을 가지고 있음을 알려주고 있다는 점이다. 이처럼 예언서 서두(표제)에서 예언 메시지의 선포자를 '나비'라고 밝히는 경우는 세 번밖에 없다. 하박국과 학개(1:1) 및 스가랴(1:1) 등이 그러하다. 이것을 보면, 하박국은 포로기 이전 예언자들 중에 유일하게 자기 책의 표제에서 '나비' 칭호를 받은 자임을 알 수 있다. 다른 예언자들도 근본적으로는 다 '나비'임이 분명하고 또 그렇게 불려 마땅하지만 말이다.

두 번째로 하박국서의 표제가 우리에게 가르쳐주는 것은, 하박국이 선포한 메시지가 하나님께로부터 받은 경고의 메시지라는 사실이다. 여기서 '경고'는 히브리어로 '맛사'인데, 이는 나훔서의 표제에 대해서 설명한 바와 같이, '무거운 짐'(burden)을 뜻하며, 흔히 예언자의 신탁 메시지를 일컫는 전문 용어로 나타난다. 이 낱말은 특히 이방 나라에 대한 심판의 말씀을 가리키는 표현이다(사 13:1; 14:28; 15:1; 17:1; 19:1; 나 1:1 등). 하박국서에서는 이 경고가 일차적으로는 유다 나라의 악인들을 겨냥하고 있지만, 보다 정확하게는 그들을 벌하는 데 도구로 쓰일 바벨론 제국을 겨냥하고 있다.

그리고 세 번째로 이 표제가 가리키는 것은, 하박국이 바벨론을 향한 경고의 말씀을 '묵시', 곧 환상(vision)을 통해서 받았다는 사실이다. 히브리어 원문은 이것을 '하자'라는 동사로 표현하고 있다. '하자'는 나훔서의 표제에 나오는 '하존'('환상')의 동사형으로서, '환상을 본다'는 뜻을 가진 낱말이다. 앞서 나훔서의 표제에 대한 해설에서 밝힌 바와 같이, '하자'나 '하존'은 남왕국 유다의 예언자들에게 중점적으로 사용되는 표현이다.

따라서 하박국은 당연히 남왕국 유다의 예언자라고 할 수 있다. 그의 고향이나 전직(前職)이 무엇인지는 도무지 알 길이 없지만 말이다. 주전 3세기경에 히브리어로 기록된 구약성경을 헬라어로 번역한 70인역(Septuagint)의 외경(外經) 중에 '벨과 용'(Bel and the Dragon)이라는 글에 보면, 그 서두에 하박국을 레위 지파에 속한 예수스(Jesus)의 아들로 묘사하고 있지만, 그를 레위 지파의 제사장이라고 보는 견해는 받아들이기 어렵다. 하박국서 본문이 그 점을 전혀 암시하고 있지 않기 때문이다. 다만 그가 제의 예언자라고 할 경우에는, 3장에 있는 찬미의 노래에 비추어, 그가 레위 지파에 속한 찬양대원 출신이었을지도 모른다는 추측을 해볼 수는 있을 것이다.

2. 하박국의 첫 번째 질문(1:2-4)

(2절) 여호와여 내가 부르짖어도 주께서 듣지 아니하시니
 어느 때까지리이까
 내가 강포를 인하여 외쳐도
 주께서 구원치 아니하시나이다
(3절) 어찌하여 나로 간악을 보게 하시며
 패역을 목도하게 하시나이까
 대저 겁탈과 강포가 내 앞에 있고
 변론과 분쟁이 일어났나이다
(4절) 이러므로 율법이 해이하고
 공의가 아주 시행되지 못하오니
 이는 악인이 의인을 에워쌌으므로
 공의가 굽게 행함이니이다

하박국서는 표제에 이어 하박국의 탄식과 불평을 의문문 형식으로 소개한다. 하박국의 이 탄식과 불평을 바로 이해하기 위해서는, 하박국이 부름 받던 무렵의 남왕국 유다가 어떠한 형편에 처해 있었는가를 먼저 알아야 한다. 당시의 상황은 남왕국의 요시야가 앗수르의 세력이 약화된 틈을 타서 일으킨 종교개혁으로 거슬러 올라간다. 요시야의 종교개혁은 성경에 묘사된 바와 같이 크게 성공을 거두었다(주전 621년). 그러나 요시야 시대 전부터 각종 혜택을 누려온 기득권층의 반발이 만만치 않았다. 요시야 왕의 시대에 하나님의 말씀을 선포하기 시작한 예레미야의 예언을 보면 이 점이 잘 드러난다(렘 1-6장; 25:3-12).

물론 예레미야는 요시야의 종교개혁을 매우 좋게 평가하였다. 이는 그가 요시야의 아들 여호야김을 아버지 요시야와 대비시켜 비난하는 메시지를 통해서 확인할 수 있다:

> 네(여호야김)가 백향목으로 집 짓기를 경쟁하므로 왕이 될 수 있겠
> 느냐 네 아비(요시야)가 먹으며 마시지 아니하였으며 공평과 의리를
> 행치 아니하였느냐 그 때에 그가 형통하였었느니라 그는 가난한 자
> 와 궁핍한 자를 신원하고 형통하였나니 이것이 나를 앎이 아니냐
> 여호와의 말이니라(렘 22:15-16)

예레미야가 요시야의 죽음을 크게 애통해 한 것도 같은 맥락에 속한다:

> 예레미야는 저를 위하여 애가를 지었으며 노래하는 남자와 여자는
> 요시야를 슬피 노래하니 이스라엘에 규례가 되어 오늘날까지 이르
> 렀으며 그 가사는 애가 중에 기록되었더라(대하 35:25)

그러나 요시야의 개혁은 위로부터의 개혁이었고, 그러다 보니 기득권을 가진 지배 계층이 순순히 따라주지 않은 것으로 보인다. 아니나 다를까, 요시야가 불의의 죽음을 당하고 그의 아들 여호아하스가 왕위에 오르자, 요시야가 그토록 열정적으로 추진했던 종교개혁은 완전히 무효가 되어 버렸다. 여호와 보시기에 악을 행한 여호아하스가 그러했고(왕하 23:32), 그를 이어 왕위에 오른 여호야김이 그러했다(왕하 23:37). 특히 여호야김은 하나님 말씀 듣기를 싫어했다. 그리하여 그는 하나님의 예언자인 우리야를 죽이는가 하면(렘 26:20-23), 예레미야가 바룩을 시켜 기록한 하나님의 말씀을 듣고서도 두려워하거나 슬퍼하지 않았다. 도리어 그는 하나님의 말씀이 기록된 두루마리를 다 불에 태워 버릴 정도로 불경건한 사람이었다. 뿐만 아니라 그는 예레미야가 유다 왕국의 멸망을 선포하였다 하여 그를 체포하려고까지 하였다(렘 36:21-26).

여호야김 자신이 이러했기 때문에 나라 안의 질서가 말이 아니었다.

예레미야서를 보면 예언자 하박국이 활동했던 여호야김 시대가 얼마나 부패하고 타락했는지를 잘 알 수 있다. 특히 예레미야 22:13-15에 보면 왕을 비롯한 지배 계층의 사치와 향락이 극에 달해 있었음이 드러난다. 이것을 표준새번역으로 읽으면 다음과 같다:

> 불의로 궁전을 짓고 불법으로 누각을 쌓으며
> 동족을 고용하고도 품삯을 주지 않는 너에게 화가 미칠 것이다.
> "내가 살 집을 넓게 지어야지. 누각도 크게 만들어야지" 하면서
> 집에 창문을 만들어 달고
> 백향목 판자로 그 집을 단장하고 붉은 색을 칠한다.
> 네가 남보다 백향목을 많이 써서 집 짓기를 경쟁하므로
> 네가 더 좋은 왕이 될 수 있겠느냐?

그런데 왕족과 지배 계층의 이러한 사치와 향락은 사실 가난한 백성에 대한 억압과 착취로부터 비롯된 것이었다: "…너의 눈과 마음은 불의한 이익을 탐하는 것과 무죄한 사람의 피를 흘리게 하는 것과 백성을 억압하고 착취하는 것에만 쏠려 있다"(렘 22:17). 이 점은 여호야김이 이집트의 왕(Pharaoh)인 느고(Necho)의 환심을 사기 위해 유다 백성들에게서 은과 금을 강제 징발했다는 사실에 의해 뒷받침되고 있다(왕하 23:34-35).

하박국은 여호야김 시대에 이처럼 불의와 악이 범람하는 것을 보고서, 견딜 수 없는 고통을 느꼈다. 아울러 그는 하나님 앞에서 좋은 일을 하려고 애쓰던 요시야는 갑작스럽게 죽은 반면에, 하나님의 법(토라)을 무시한 채로 마음껏 악을 행하는 무리들은 아무런 징계도 받지 않은 채로 형통함을 누리고 있는 현실을 보고서, 하나님의 공의(公義; justice)가 어디에 있는지 모르겠다는 의문을 품게 되었다. 악한 자들이 강포를

행하고 간악과 패역 중에 있음으로 해서, 율법이 해이해지고 공의가 아주 시행되지 못하는 데도, 하나님께서 가만히 계시는 것 같다는 것이, 그가 품은 의문의 내용이었던 것이다(4절 상반절). 하박국의 이러한 문제 제기가 하나님의 공의에 초점을 맞추고 있음은, '공의'를 뜻하는 히브리어 낱말 '미슈파트'가 4절에서 두 번씩이나 반복되고 있다는 사실을 통해 뒷받침된다.

그래서 그는 하나님께 항변하는 투로 하소연하지 않을 수 없었다(2-3절). 이것을 표준새번역으로 실감나게 읽으면 다음과 같다:

> 살려 달라고 부르짖어도 듣지 않으시고
> "폭력이다!" 하고 외쳐도 구해주지 않으시니
> 주님, 언제까지 그러실 겁니까?
> 어찌하여 나로 불의를 보게 하십니까?
> 어찌하여 악을 그대로 보기만 하십니까?
> 약탈과 폭력이 제 앞에서 벌어지고
> 다툼과 시비가 그칠 사이가 없습니다.

우리가 이 항변을 탄식시의 유형에 포함시키는 것은, 그것이 탄식시의 주요 요소를 거의 빠짐없이 가지고 있기 때문이다. 하나님의 이름을 부름, 호소와 간구, '언제까지'('아드-아나') 또는 '어찌하여'('람마')라는 탄식 부사, 탄식의 상황에 대한 묘사 등이 그러하다.

그렇다면 하박국의 시대에는 과연 부패한 사회를 변화시켜 보려고 애쓰던 의인들이 전혀 없었던 것일까? 그렇지는 않다. 많은 사람들이 자신의 신앙을 지키기 위해 애썼을 것이며, 하나님의 뜻에 맞는 공의로운 사회를 만들기 위해 상당한 노력을 기울였을 것이다. 그러나 그들의 노력에는 아무런 효과가 없었다. 효과가 없었을 뿐만 아니라 그들의 노력

자체가 갖은 비열한 방법에 의해서 원천 봉쇄되었다. 악인이 의인을 에 워쌈으로써 하나님께서 유다 공동체를 위해 마련하신 질서, 곧 하나님의 공의를 현저하게 왜곡시키고 있었다는 것이 그 점을 보여 준다(4절 하반절).

그래서 당시의 의인들 중에 한 사람이던 하박국은 이제 절망적인 심정으로 하나님을 향하여 묻고 있는 것이다. 불의가 판을 치고 있고 강한 자가 약한 자를 억압하는 데도, 악인들이 아무런 벌도 받지 않고서 형통함을 누리는 것이 그에게는 도무지 이해되지 않았던 것이다. 2절과 3절에 반복되는 '강포'(violence, 히브리어로 '하마스')라는 낱말은 당시의 상황이 어떠했는가를 상징적으로 보여 준다. 이 낱말의 의미는 홍수 심판을 받은 노아 시대가 폭력이 난무하는 시대였다는 사실을 통해서 분명하게 드러난다:

> 때에 온 땅이 하나님 앞에 패괴하여 강포가 땅에 충만한지라 하나님이 보신즉 땅이 패괴하였으니 이는 땅에서 모든 혈육 있는 자의 행위가 패괴함이었더라(창 6:11-12)

한 마디로 강한 자가 약한 자를 짓밟고 압제하는 시대였던 것이다.

다시 하박국에게로 돌아가 보자. 불의한 현실에 대한 하박국의 항변은 그가 얼마나 하나님의 공의 문제에 관심이 많은 사람인가를 한 눈에 알게 해준다. 그는 세상의 불의함과 사악함을 참지 못하는 정의의 예언자요, 하나님의 공의와 율법을 수호하기 위해 애쓰는 믿음의 사람이었던 것이다. 그런데 중요한 것은 신앙 생활을 바르게 하려는 사람이라면 누구나 하박국의 이러한 갈등과 고민에 빠져들게 된다는 사실이다. 요시야와 같은 의로운 왕은 까닭 없이 죽임을 당하고, 여호야김 시대의 악한 자들은 계속해서 평안함을 누리고 사는데, 이것이 어떻게 쉽게 받아들여질 수 있겠는가! 그래서 하나님의 역사 주권이나 하나님의 공의 내지는 그의 의로운 통치에 대한 신앙이 크게 흔들리게 되고, 마침내는 간절한 마음으로 하나님의 답변을 기다릴 수밖에 없게 되는 것이다.

그러나 다른 한편으로 하박국의 그러한 항변은, 하나님을 향한 그의 신앙이 얼마나 뿌리깊은 것인가를 가르쳐주고 있기도 하다. 기도해도 응답되지 않는 듯한 어두운 현실, 억압당하는 자들의 억울한 희생을 막아보려고 해도 악인들로 인하여 그것이 원천적으로 불가능하게 되어 있는 현실, 하나님을 버린 까닭에 더 이상 치료할 수 없는 단계로까지 썩어버린 신정(神政) 공동체 - 이 모든 것들로 인하여 깊은 절망에 빠져 있으면서도, 그는 하나님께서 직접 나서서 어떤 형식으로든 이 문제를 해결해주기를 희망하고 있기 때문이다. 따라서 하박국의 절망적인 탄식은 역설적이게도 하나님의 치유책을 바라는 하박국의 깊은 신앙에서 우러나온 것이라 할 수 있다.

3. 하나님의 첫 번째 답변(1:5-11)

(5절) 여호와께서 가라사대 너희는 열국을 보고
또 보고 놀라고 또 놀랄찌어다
너희 생전에 내가 한 일을 행할 것이라
혹이 너희에게 고할찌라도 너희가 믿지 아니하리라
(6절) 보라 내가 사납고 성급한 백성
곧 땅의 넓은 곳으로 다니며
자기의 소유 아닌 거할 곳들을 점령하는 갈대아 사람을 일으켰나니
(7절) 그들은 두렵고 무서우며
심판과 위령이 자기로 말미암으며

(8절) 그 말은 표범보다 빠르고 저녁 이리보다 사나우며
그 기병은 원방에서부터 빨리 달려오는 기병이라
마치 식물을 움키려하는 독수리의 날음과 같으니라
(9절) 그들은 다 강포를 행하러 오는데
앞을 향하여 나아가며
사람을 사로잡아 모으기를
모래 같이 많이 할 것이요
(10절) 열왕을 멸시하며 방백을 치소하며
모든 견고한 성을 비웃고
흉벽을 쌓아 그것을 취할 것이라
(11절) 그들은 그 힘으로 자기 신을 삼는 자라
이에 바람 같이 급히 몰아 지나치게 행하여 득죄하리라

하나님은 과연 악인이 계속 형통함을 누리는 것을 가만히 보고만 계시는 분인가? 악한 민족이 자기보다 선한 하나님의 백성을 삼키어도, 아무런 대책도 없이 그저 바라보고만 계시는 분인가? 하나님은 과연 아무런 원칙도 없이 세상을 주관하시고 이끄시는 분인가? 결코 그렇지 않다. 하나님의 역사 주권에는 결코 흔들림이 없다. 그리고 그의 다스리심은 악행을 철저하게 벌하는 것을 원칙으로 하고 있다. 하나님의 이러한 원칙은 그가 하박국에게 주시는 말씀을 통해서 분명하게 드러난다.

하박국은 하나님의 통치 주권이나 공의에 문제가 있는 것이 아니냐고 항변하지만, 하나님은 유다 나라 안의 악한 자들이 영원토록 평안을 누리게 하지는 않을 것이라고 말씀하신다. 즉, 사납고 성급한 백성인 갈대아 사람들(바벨론)을 심판의 도구로 삼아 악을 행하는 자들을 철저하게 징계하시겠다는 것이다(사 41:2-3; 렘 5:14-19; 27:6-7 등). 하나님은 이처럼 자신의 역사 주권을 이루기 위해 자주 이방 나라들을 심판의 도

구로 사용하신다(사 10:5-27; 42:44; 44:28; 45:1-6; 렘 51장 등).

이제 하나님께서 하박국에게 주신 첫 번째 답변으로 돌아가 보자. 이 답변은 먼저 "민족들을 눈여겨 보라!"는 명령으로 시작한다. 이 명령은 하나님이 세상 역사를 주관하시는 분임을 주지시키고자 하는 의도를 가지고 있다. 하나님은 유다 나라 안에서 일어나는 일들뿐만 아니라 주변의 모든 다른 나라들 안에서 일어나는 일들에도 깊은 관심을 가지고 계시다는 것이다. 하나님의 역사 주권에서 벗어나는 것이 어디 있는지 살펴보라는 것이다. 참으로 세상 모든 일들은 하나님의 주권 아래 있다. 유다 나라의 악인들을 징계하는 일이나 바벨론을 그 도구로 사용하는 일도 결국은 하나님의 섭리 안에서 이루어짐을, 이 짧은 명령은 강조하고 있는 셈이다(행 13:41 참조).

그러면서 하나님은 자신이 그들 생전에 '한 가지 일'을 행할 것이라는 소식, 곧 유다 나라의 악한 자들이 바벨론 제국에 의해 하나님의 징계를 받으리라는 소식이, 하박국을 비롯한 의인들에게 깜짝 놀랄 만한 소식이 될 것이라고 말씀하신다(5절). 이 말씀은 악인 징계의 소식이 어느 누구도 믿지 않을 소식, 정말로 믿겨지지 않는 기쁨과 위로의 소식이 될 것임을 암시한다. 실제로 하나님은 이 첫 번째 답변에서 악인들의 형통함을 보고서 마음에 큰 상처를 받은 하박국을 위로하고자 하신 듯하다. 12절에 있는 하박국의 반응이 그 점을 뒷받침한다. 그는 12절에서 하나님의 답변이 자신에게 상당한 위로와 희망을 주었음을 솔직하게 인정하고 있기 때문이다.

그러나 다른 한편으로 이 말씀은 당시의 유다 나라가 얼마나 무질서와 혼란에 사로잡혀 있었는가를 단적으로 보여 주고 있기도 하다. 이제까지 악인들이 하나님의 징계를 제대로 받은 적이 없이 형통함을 누리고 있었으니, 누가 악인 징계의 소식을 믿겠느냐는 것이다. 2-4절에 있는 하박국의 하소연이 극도의 절망감 속에서 우러나온 것임을 볼 때, 그것이 당시에 악인들에게 괴롭힘을 당하던 자들에게는 도무지 믿을 수 없는 소식이었으리라는 것은 지극히 당연하다. 그럼에도 불구하고 하나님은 반드시 그 일을 이루겠다고 단언하신다. 그것도 하박국을 비롯한 그 시대의 의인들이 살아 있을 동안에 그 일을 이루겠다고 말씀하신다.

이어서 하나님께서 하박국에게 주신 말씀(6-11절)은 유다 나라의 악한 자들을 징계하는 데 사용될 갈대아 사람들, 곧 바벨론 군대의 위용에 대해서 묘사한다. 하나님의 이 답변에 의하면 바벨론은 사납고 성급한 (신속한) 백성이다. 그들은 또한 땅의 넓은 곳으로 다니며, 자기의 소유가 아닌 거할 곳들을 점령하는 자들이다(6절). 천하를 주름 잡고 돌아다니면서 남의 나라 백성들이 사는 땅을 마치 제 것인 양 차지할 것이라는 말이다. 그들의 탐욕스러운 약소국 침략 및 정복은 사람들에게 두려움과 무서움을 안겨줄 것이다. 7절 하반절에 "심판과 위령(威令)이 자기로 말미암는다"는 말씀은 바벨론 군대가 자기들이 하는 것만을 정의(또는 심판; '미슈파트')라고 생각하며 자기들의 권위만을 내세우는 것을 뜻한다.

여기서 흥미로운 것은, 하박국의 첫 번째 질문에서 두 번씩이나 반복되던 '공의' ('미슈파트'; 4절)가 하나님의 첫 번째 답변에서 바벨론 군대에게 적용되고 있다는 점이다. 하박국은 그의 질문에서 '미슈파트' 개념을 하나님의 공의에 관련시키면서, 유다 백성들이 그 공의를 무시하고 왜곡시켰음을 신랄하게 비판한 바가 있다. 그러나 하나님은 그의 답변에서 같은 낱말을 바벨론 군대의 군사적인 침략 행동에 관련시키면서, 하나님의 '미슈파트'를 멸시한 유다 나라의 악인들이 바벨론 군대의

'미슈파트'를 통해 심판을 받을 것임을 분명하게 밝히신다. 뿐만 아니라 하박국이 하소연했던 '강포'('하마스'), 곧 악인들이 의인에게 행했던 폭력이 이제는 바벨론 군대에 의해서 그들에게 베풀어질 것이라고 말씀하신다. 바벨론 군대가 '강포'('하마스')를 행하러 온다는 9절 상반절이 그 점을 잘 보여 준다.

이처럼 악인들에게 행해질 하나님의 '미슈파트'를 대행(代行)하고 또 그들의 '하마스'에 '하마스'로 보복할 바벨론 군대는 표범보다 빠른 말을 타고 다닐 것이며(신속성), 저녁 무렵에 돌아다니는 굶주린 늑대보다도 더 사나울 것이다(잔인성; 습 3:3 참조). 또한 그들의 기병(騎兵)은 먼 곳에서부터 쏜살같이 달려오되, 마치 식물(먹이)을 덮치려 하는 독수리의 날음과 같이 빨리 달려올 것이다(8절; 렘 4:13 참조). 그 뿐만이 아니다. 그들은 폭력을 앞세우고서 앞으로 행진하되 사람들을 모래알처럼 많이 전쟁 포로로 사로잡아 갈 것이다(9절; 왕하 24:12-16; 대하 36:6, 17-20 참조).

그들을 당할 나라가 없는 까닭에, 바벨론 군대는 주변 나라의 모든 왕들을 업신여길 것이며(왕하 25:28), 그 관리들을 치소(嗤笑; 비웃다)할 것이다. 모든 견고한 성읍들까지도 비웃을 것인바, 이는 그들이 흉벽(胸壁) 또는 토성(土城; 흙언덕)을 쌓아서 그 성읍들을 쉽게 함락시킬 것이기 때문이다(10절; 삼하 20:15; 왕하 19:32; 25:1; 렘 6:6; 32:24; 33:4; 겔 4:2; 21:22; 26:8 참조). 한 마디로 말해서 그들은 자기들에게 있는 힘('루아흐')을 자기들의 신(神; '엘로힘')으로 삼는 자들이요, 바람 같이 급히 몰아 순식간에 사라지는 침략자들이다(11절).

그러나 바벨론의 이러한 행동은 결코 의로운 것이 아니다. 비록 그들이 하나님의 심판을 위한 도구로 선택되기는 했지만, 그들의 잔인하고 탐욕스러운 침략 행동과 교만함(단 4:30; 사 14:13-14)은 그 나름대로 하나의 죄를 이루고 있다. 그래서 11절 하반절은 바벨론이 지나치게 행하여 하나님께 득죄(得罪)할 것이라고 말한다. 이것은 바벨론 역시 그 죄악으로 인해 하나님의 심판을 받을 것임을 암시하는 것으로, 바벨론의 심판에 관하여 언급하는 하나님의 두 번째 답변을 예비하고 있다.

이상에서 살펴본 하나님의 답변에 의하면, 하나님은 결코 불의를 행하고 악을 즐겨하는 자들을 내버려두지 않는 분임이 분명해진다. 그는 그들보다 더 악한 갈대아 사람들을 도구로 해서라도 자기 백성이 저지르고 있는 죄악을 보응하시는 분이다. 실제로 남왕국 유다는 시드기야 왕을 끝으로 주전 587년에 바벨론의 느부갓네살에게 포로로 잡혀가는 비극적인 최후를 맞이해야만 했다. 하나님의 역사 섭리는 이토록 치밀하고 정확한 것이다. 악인들이 형통함을 입는 것처럼 보이는 어두운 현실 속에서도, 하나님은 자신의 심판과 구원을 이루시기 위해 이처럼 은밀하게 세상 나라들을 이끌어 가신다. 참으로 그의 역사 주권으로부터 벗어나는 것은 어디에도 없다.

4. 하박국의 두 번째 질문(1:12-17)

(12절) 선지가 가로되 여호와 나의 하나님, 나의 거룩한 자시여
　　　 주께서는 만세 전부터 계시지 아니하시니이까
　　　 우리가 사망에 이르지 아니하리이다
　　　 여호와여 주께서 심판하기 위하여 그를 두셨나이다
　　　 반석이시여 주께서 경계하기 위하여 그를 세우셨나이다
(13절) 주께서는 눈이 정결하시므로
　　　 악을 참아 보지 못하시며

| | 패역을 참아 보지 못하시거늘
어찌하여 궤휼한 자들을 방관하시며
악인이 자기보다 의로운 사람을 삼키되 잠잠하시나이까
(14절) 주께서 어찌하여 사람으로 바다의 어족 같게 하시며
주권자 없는 곤충 같게 하시나이까
(15절) 그가 낚시로 모두 취하며
그물로 잡으며 초망으로 모으고
인하여 기뻐하고 즐거워하여
(16절) 그물에 제사하며 초망 앞에 분향하오니
이는 그것을 힘입어 소득이 풍부하고
식물이 풍성케 됨이니이다
(17절) 그가 그물을 떨고는 연하여
늘 열국을 살육함이 옳으니이까

    신앙의 사람 하박국은 5-11절에서 주어진 하나님의 답변을 있는 그대로 받아들임과 동시에, 그 말씀을 통해 마음에 큰 위로를 받는다. 12절에 있는 그의 반응이 이를 뒷받침한다. 그는 12절에서 하나님의 본질과 속성에 대하여 기술하면서, 하나님을 "나의 하나님, 나의 거룩한 자"라고 부른다. 그에 의하면 하나님은 만세 전부터 계신 분이다. 또한 그는 '죽지 아니하시는' 분이다.
    그런데 여기서 한 가지 흥미로운 것은 히브리어 원문에는 이 구절이 본래 '로 타무트'('당신은 죽지 않으신다')로 기록되어 있었으나, 이 구절을 필사하던 서기관들에 의하여 다른 표현으로 변형되었다는 점이다. 그들은 하나님을 죽음과 관련시킨 이 구절이 상당히 불경한 표현이라고 생각한 듯하다. 그리하여 그들은 이 표현을 수정하여 '우리가 죽지 않는다'('로 나무트')로 바꾸었다. 이로써 본래는 하나님을 '만세 전부터 계신 자'로 보는 앞 구절과 평행 관계에 있던 이 구절이, 이제는 '우리' 곧

유다 나라의 의로운 자들이 하나님의 도우심으로 말미암아 사망에 이르지 아니한다는 뜻으로 바뀐 셈이다. 이처럼 변형된 본문에 의한다면, 하박국은 악인들이 심판을 받을 것이라고 말하는 하나님의 첫 번째 답변에서 의인들의 구원에 대한 확신을 갖게 되었다고 풀이할 수 있을 것이다.

12절 하반절에 가면, 그가 하나님의 첫 번째 답변에 상당 부분 공감하고 있음이 더욱 분명하게 드러난다. 그는 하나님께서 유다 나라의 악인들을 심판하고 또 그들을 경계하기 위하여 바벨론을 두셨다고 자신 있게 말할 수 있었으며, 하나님을 '반석'이라고 칭할 수도 있었다(신 32:4, 18, 30-31; 삼하 23:3; 시 18:2, 31; 92:15; 95:1; 사 30:29 등). 이것은 바벨론의 유다 나라 정복이 남왕국의 완전한 파멸을 뜻하지 않음을 암시한다. 반석이신 하나님의 은총에 힘입어 살아남은 자들이 있을 것이라는 말이다.

그런데 놀랍게도 하박국은 여기서 다시금 '미슈파트'라는 낱말을 사용하고 있다. 하박국의 첫 번째 물음에서 나타난 '미슈파트'가 하나님의 공의를 뜻하고(4절), 또 하나님의 답변 속에 나타난 '미슈파트'가 바벨론 군대가 내세우는 정의(또는 심판)를 뜻한다면(7절), 12절에서의 '미슈파트'는 하나님께서 내세우는 공의, 곧 하나님의 심판을 뜻한다고 할 수 있다. 그래서 개역은 '심판'이라고 번역하고 있다. 이는 결국 하박국이 바벨론을 통한 징계를 하나님께서 정하신 것으로, 즉 유다 백성들의 죄에 대한 하나님의 심판으로 인정하고 있음을 뜻한다.

그러나 이로써 하박국의 마음 속에 있는 문제가 완전히 해결된 것은 아니었다. 비록 하나님의 첫 번째 답변에서 유다 나라의 악인들이 하나님의 심판을 받을 것이라는 사실을 확인할 수 있었지만, 그에게는 또 다른 의문이 있었다. 그리고 그것은 그를 매우 당혹스럽게 하는 것이기도 했다. 그리하여 하박국은 13-17절에서 그러한 의문과 당혹감을 탄식시의 형태로 표현하고 있다.

그의 두 번째 문제 제기에 의하면, 하나님은 눈이 정결하시므로 악을 참아 보지 못하시며 패역을 참아 보지 못하시는 분이시다. 그런데 그러한 하나님이 어찌하여 궤휼한 자들을 방관하시며 악인(바벨론)이 자기보다 의로운 사람(유다 백성)을 삼키는데도 잠잠하시는지 모르겠다는 것이다(13절). 다시 말해서 갈대아 사람들은 하나님의 백성 중에 있는 악한 자들보다 훨씬 더 악한 자들인데, 어떻게 의로우신 하나님께서 그 악독한 갈대아 사람들을 하나님의 의로운 심판의 도구로 삼으려고 하시는지 이해할 수 없다는 말이었다. 혹시 하나님께서 자신의 역사 주권, 곧 그의 의로운 통치권을 포기한 것이나 아닌지 모르겠다는 것이다.

하박국이 보기에, 하나님은 유다 백성을 비롯한 모든 피정복 국가들의 백성을 마치 낚시나 그물에 쉽게 걸려드는 바다의 고기와도 같게 하셨고, 주권자가 없어서 쉽게 무너지는 곤충들 – 더 정확하게는 '기어다는 것'으로서, 문맥에 의하면 바다에서 사는 생물들(시 104:25) – 의 무리와 같게 하셨다(14절). 그 결과 그들은 낚시꾼이 낚시로 고기를 낚아 올리고 어부가 그물이나 초망(草網)을 사용하여 고기를 남김없이 끌어 모으듯이, 그들의 무력을 사용하여 남의 나라 백성들을 무자비하게 사로잡아 들였고, 그것으로 인하여 크게 기뻐하며 즐거워하였다(15절).

뿐만 아니라 그들은 여러 나라들을 노략하게 해준 그물과 초망(군사력) 덕분에 넉넉하게 살게 되고 기름진 것을 먹게 되었다고 하면서, 그 물에다가 고사를 지내고 초망에다가는 향을 살라 바치기까지 하였다(16절). 이러한 현실에 분개한 하박국은 마침내 17절에서 다음과 같이 하소연하면서 묻지 않을 수 없었다: "그가 그물을 떨고 나서 곧이어 무자비하게 뭇 백성을 죽이는데, 그가 이렇게 해도 되는 것입니까?"

하박국의 이 두 번째 물음은 결국 하나님의 역사 주권이 정말로 선하고 옳은 것이냐 하는 것을 문제삼고 있다. 사실 그는 악독한 바벨론 군대가 다른 나라를 정복하고서 기뻐하고 즐거워하거나, 남의 나라 백성들을 노략한 것으로 인하여 이전보다 더 부요하게 되는 것에 큰 당혹감을 느꼈다. 이와 아울러 그는 하나님께서 그처럼 악한 나라인 바벨론을 심판의 도구로 삼으신다면, 세상 나라들을 향한 하나님의 공의 내지는 선하신 목적이 도대체 어디에 있느냐는 문제로 괴로워했다. 달리 말해서 하나님의 선하신 세계 질서가 꼭 그렇게 불공정한 방식으로 이루어져야만 하겠느냐는 것이었다.

어떻게 보면 그는 유다 나라 안에서 악인들이 징계를 받아 하나님의 공의가 이루어지고, 그럼으로써 자기 나라가 평화로워지기를 기대하고 있었다고 볼 수 있다. 그러나 사태 해결은 전혀 엉뚱한 방향으로 나아가는 것으로 보였다. 유다 나라의 악인들에 대한 징계는 그래도 이해할 수 있겠으나, 악독한 바벨론을 끌어들여 징계하려는 계획만큼은 받아들이기 어렵다는 것이 그의 솔직한 심정이었던 것이다.

5. 하나님의 두 번째 답변(2:1-4)

(1절) 내가 내 파수하는 곳에 서며 성루에 서리라
       그가 내게 무엇이라 말씀하실는지 기다리고 바라보며
       나의 질문에 대하여 어떻게 대답하실는지 보리라 그리하였더니
(2절) 여호와께서 내게 대답하여 가라사대
       너는 이 묵시를 기록하여 판에 명백히 새기되
       달려가면서도 읽을 수 있게 하라

(3절) 이 묵시는 정한 때가 있나니
그 종말이 속히 이르겠고
결코 거짓되지 아니하리라
비록 더딜찌라도 기다리라
지체되지 않고 정녕 응하리라
(4절) 보라 그의 마음은 교만하며
그의 속에서 정직하지 못하니라
그러나 의인은 그 믿음으로 말미암아 살리라

하박국은 자신이 가진 의문과 당혹감 때문에 자신의 신앙을 포기하거나 좌절하는 사람이 아니었다. 도리어 그는 사람의 지혜로 측량할 수 없는 하나님의 지혜를 믿었다: "하나님이 모든 것을 지으시되 때를 따라 아름답게 하셨고 또 사람에게 영원을 사모하는 마음을 주셨느니라 그러나 하나님의 하시는 일의 시종을 사람으로 측량할 수 없게 하셨도다"(전 3:11; 고전 1:21). 그래서 그는 하나님께 두 번째 질문을 던지고 난 후에 이제 조용히 하나님의 답변을 기다리기로 하였다. 그는 자신의 그러한 기다림을 매우 상징적인 언어로 표현하고 있다. 1절에 의하면 그는 파수하는 곳(초소)에 서며 성루(망대) 위에 올라가서겠다고 말한다.

하박국의 이러한 행동은 본래 전쟁을 준비하는 파수꾼의 행위를 뜻하고, 또 다른 한편으로는 전쟁과도 같은 하나님의 심판을 이스라엘 백성에게 알리는 예언자들의 직무를 뜻한다(사 21:6-12; 렘 6:17; 겔 3:17-21; 33:1-9; 호 9:8 등). 그러나 여기서는 오히려 열린 마음으로 하나님의 말씀을 기다리려는 하박국의 굳은 결심을 나타내고 있다: "그가 내게 무엇이라 말씀하실는지 기다리고 바라보며, 나의 질문에 대하여 어떻게 대답하실는지 보리라"(1절 하반절; 미 7:7 참조). 이것은 동시에 하나님의 답변에 대한 하박국의 강한 집념 내지는 갈망, 또는 그에 대한 확신을 반영하고 있기도 하다.

하박국의 이러한 끈질긴 기다림에, 하나님은 마침내 두 번째 답변을 주신다(2절). 그런데 이번에는 그것이 첫 번째 답변과는 달리 묵시('하존')의 형태로 주어지고 있다. 하나님은 하박국에게 그 묵시를 기록하여 판에 명백하게 새기되, 달려가는 사람조차도 쉽게 읽을 수 있게끔 고속도로 표지판 같이 큰 글씨로 기록하라고 말씀하신다. 이것은 그 묵시가 반드시, 그리고 속히 이루어질 것임을 암시한다고 보겠다. 바벨론 심판에 관한 이 묵시의 내용은 5-20절에 자세하게 기록되어 있는바, 이와 관련하여 하나님은 하박국에게 두 가지의 사실을 알려주신다.

그 하나는 하박국이 받은 묵시에 정한 때가 있을 것이며 종말(끝)이 속히 이르리라는 것이다. 비록 더딜지라도 인내심을 가지고 기다리면 반드시 그 때가 오되 지체되지 않으리라는 것이다(3절). 이것은 하나님께서 자신의 뜻을 완전하게 이루실 때가 언젠가는 오고야 만다는 것을 뜻한다. 물론 그 시기는 전적으로 하나님의 주권에 달려 있는 것이기 때문에 사람들이 마음대로 할 수 없는 것이다. 앞당길 수도, 늦출 수도 없다는 말이다. 의심하거나 조바심을 가질 필요 없이 단지 확신을 가지고서 조용히 기다리기만 하면 된다. 베드로 역시 종말을 사모하며 기다리는 자들을 향해 비슷한 훈계의 말씀을 준 바가 있다:

> 주의 약속은 어떤 이의 더디다고 생각하는 것 같이 더딘 것이 아니라 오직 너희를 대하여 오래 참으사 아무도 멸망치 않고 다 회개하기에 이르기를 원하시느니라 그러나 주의 날이 도적 같이 오리니 그 날에는 하늘이 큰 소리로 떠나가고 체질이 뜨거운 불에 풀어지고 땅과 그 중에 있는 모든 일이 드러나리로다 이 모든 것이 이렇게 풀어지리니 너희가 어떠한 사람이 되어야 마땅하뇨 거룩한 행실과 경건함으로 하나님의 날이 임하기를 바라보고 간절히 사모하라

> 그 날에 하늘이 불에 타서 풀어지고 체질이 뜨거운 불에 녹아지려
> 니와 우리는 그의 약속대로 의의 거하는바 새 하늘과 새 땅을 바라
> 보도다(벧후 3:9-13 참조)

종말의 때가 예정되어 있다는 사실을 말씀하신 하나님은 이어서 두 번째의 사실을 그에게 알려주신다. 그것은 종말의 때가 오기 전에 가져야 할 삶의 자세에 대하여 교훈하는 것으로, 오직 의인은 믿음으로 말미암아 산다는 내용을 가지고 있다(4절). 이 말씀에 의하면, 의인(義人, 히브리어로 '차띠크')은 마음이 교만하고 정직하지 못한 바벨론과는 근본적으로 다르다. 악인(바벨론)은 교만하여 자기 힘을 의지하고 그것을 자기 신으로 삼지만(1:11), 의인은 오직 하나님만을 의지하며 그에게 모든 것을 맡긴다. 그는 참으로 하나님을 향한 믿음('에무나'; faithfulness)으로 말미암아 사는 사람이다. 그는 하나님께서 요구하는 계명들을 성실하게 지킴으로 하나님과 올바른 관계를 맺고 산다(시 15:2-5 참조). 그 때문에 그는 악인들을 심판하는 종말의 때에도 구원을 얻을 수 있다. 이것은 하나님께서 악인들을 심판하시는 중에도 의로운 자들과 믿음을 가진 자들을 반드시 구원하신다는 것을 뜻한다.

그런데 하나님께서 하박국을 위로하시면서 그에게 주신 이 말씀(2:4)은 신약성서에 세 차례에 걸쳐서 인용되고 있다. 그 첫 번째는 로마서 1:17에 있는 것으로, 사도 바울이 로마에 있는 그리스도인들에게 복음의 진리에 관하여 설명할 때 사용한 것이다: "복음에는 하나님의 의가 나타나서 믿음으로 믿음에 이르게 하나니 기록된바 오직 의인은 믿음으로 말미암아 살리라 함과 같으니라." 이 본문에서 바울은 복음이 모든 믿는 사람들에게 구원을 주는 하나님의 능력임을 밝히면서, 그것이 유대인이나 헬라인(이방인)을 차별하지 않는다고 말한다. 즉, 복음이 가

지고 있는 구원의 능력은 사람이 가지고 있는 어떤 지위나 신분 또는 국적 등에 구애받지 않고 믿음을 가진 모든 사람에게 똑같이 적용된다는 것이다. 종교개혁자 마르틴 루터(Martin Luther)는 수도원 생활을 하는 중에 바울 사도의 이 말씀에 깨우침을 받아 종교개혁에 뛰어든 것으로 널리 알려져 있다.

또한 사도 바울은 하나님의 구원이 율법의 행위에 의해서가 아니라 믿음에 의해서 이루어진다는 교리를 설명하면서 하박국 2장 4절 말씀을 인용하고 있다: "또 하나님 앞에서 아무나 율법으로 말미암아 의롭게 되지 못할 것이 분명하니 이는 의인이 믿음으로 살리라 하였음이니라"(갈 3:11). 그의 이러한 설명에 의하면, 사람이 하나님 앞에서 의로워지는 것은 예수 그리스도를 통해 주어진 하나님의 구원 은총을 믿음으로 받아들임으로써 가능한 것이지, 율법을 행함에 의해서 의로워지는 것은 결코 아니라는 것이다. 그리고 하박국 2:4의 세 번째 인용 본문인 히브리서 10:37-38은 환난을 당하는 성도들에게 부활하신 그리스도가 곧 오실 것임을 강조함과 아울러, 그들에게 부활의 생명이 약속되어 있음을 밝힘으로써, 하박국 2장 4절의 의미를 종말론적인 차원으로까지 확장시키고 있다:

> 잠시 잠깐 후면 오실 이가 오시리니
> 지체하지 아니하시리라
> 오직 나의 의인은 믿음으로 말미암아 살리라
> 또한 뒤로 물러가면
> 내 마음이 저를 기뻐하지 아니하리라 하셨느니라

III. 바벨론에 임할 하나님의 심판(2:5-20)

1. 탐욕에 대한 벌(2:5-8)

(5절) 그는 술을 즐기며 궤휼하며
교만하여 가만히 있지 아니하고
그 욕심을 음부처럼 넓히며
또 그는 사망 같아서 족한 줄을 모르고
자기에게로 만국을 모으며 만민을 모으나니
(6절) 그 무리가 다 속담으로 그를 평론하며
조롱하는 시로 그를 풍자하지 않겠느냐
곧 이르기를 화 있을찐저
자기 소유 아닌 것을 모으는 자여
언제까지 이르겠느냐
볼모잡은 것으로 무겁게 짐진 자여
(7절) 너를 물 자들이 홀연히 일어나지 않겠느냐
너를 괴롭게 할 자들이 깨지 않겠느냐
네가 그들에게 노략을 당하지 않겠느냐
(8절) 네가 여러 나라를 노략하였으므로
그 모든 민족의 남은 자가 너를 노략하리니
이는 네가 사람의 피를 흘렸음이요
또 땅에, 성읍에, 그 안의 모든 거민에게
강포를 행하였음이니라 하리라

2장 5절에서 20절까지는 하나님께서 하박국에게 주신 묵시의 구체적인 내용을 밝히는 본문이다. 이 본문은 "화 있을찐저!"(히브리어로 '호이')라는 말로 시작되는 다섯 개의 저주 신탁으로 구성되어 있는바, '호이'로 시작하는 저주 신탁은 이사야서에 가장 많이 나타나며, 주로 이스라엘 백성의 지배 계층이나 악을 행하는 이방 나라들을 겨냥하고 있다. 이스라엘 백성의 지배 계층을 겨냥한 것들 중에도 북왕국을 향한 것에는 아모스 5:18과 6:1이 있으며, 남왕국을 향한 것에는 이사야 5:8, 11, 18, 20, 22; 10:2; 28:1; 29:15; 30:1; 31:1; 33:1; 미가 2:1 등이 있다. 그리고 악을 행한 이방 나라들을 향한 것에는 이사야 10:5(앗수르)과 에스겔 24:6, 9(바벨론) 및 나훔 3:1(앗수르)이 있다.

하박국 2장 5절 이하에 있는 저주 신탁은 에스겔서에 있는 것과 마찬가지로 바벨론을 대상으로 하는 것이다. 그러나 하박국의 저주 신탁은 바벨론이 왜 벌을 받아야 하는지를 에스겔서에 있는 것보다는 훨씬 상세하게 묘사하고 있으며, 그들이 어떻게 벌을 받을 것인가에 대해서도 매우 구체적으로 밝히고 있다. 어떤 점에서 보면 하나님을 의지하지 않고 자신의 힘과 능력만을 의지하는 악인이 마침내는 하나님의 엄한 심판을 받는다는 이 말씀은, 의인이 구원받는 것은 그가 하나님께 대하여 가지고 있는 믿음에 의해서라는 2장 4절의 약속을 보다 강화시켜주는 효과를 갖는다고 볼 수 있다.

그런데 하나님은 다섯 개의 저주 신탁을 시작하기에 앞서 바벨론이 어떠한 나라인가를 총평 형식으로 말씀하신다. 히브리어 원문에 의하면 '술'(쿰란 사본에는 '재물'로 되어 있다)은 속이는 것이요, 사람을 교만하게 하며 또 가만히 있지 못하게 하는 것이다(5절 상반절). 이것은 바벨론이 술(또는 재물)에 취하여 자신을 주체하지 못한 채로 거드름을 피우며, 또 가만히 있지 못하고서 탐욕을 채우기 위하여 돌아다니는 것을 의미한다. 실제로 바벨론은 탐욕을 채우는 일에 혈안이 되어 있어서 그 욕심을 음부('스올')처럼 넓히며, 모든 것을 다 삼켜 버리는 죽음과도 같이 도무지 만족할 줄을 모른다. 그들의 끊임없는 탐욕은 세상 모든 나라들을 정복하고 그들을 사로잡는 것으로 구체화된다(5절 하반절). 그러니까 바벨론은 다른 나라를 정복하고 노략질하는 가운데 탐욕을 채우느라고 쉴 날이 없었던 것이다.

그러나 그 탐욕에도 한계가 있는 법이다. 때가 되면 바벨론에게 정복당한 나라 백성들이 빈정대는 노래를 지어서 그들을 비웃으며 그들을 욕할 것이다(6절 상반절). 하나님은 이 빈정대는 노래들에 다섯 개의 저주 신탁을 포함시키고 있다. 달리 말해서 하나님은 악독한 바벨론에게 임할 저주와 심판을, 정복당한 나라의 백성들이 부를 조롱의 노래로 표현하고 있는 것이다. 물론 이 조롱가(嘲弄歌)에는 당연히 바벨론이 저주를 받아야 할 이유가 분명하게 설명되어 있다. 첫 번째 저주 신탁은 바벨론의 탐욕을 그 원인으로 노래하고 있으며, 두 번째에서 네 번째까지의 저주 신탁은 바벨론의 폭력과 강포를 그 원인으로 지적한다. 그리고 마지막으로 다섯 번째 저주 신탁은 바벨론의 우상 숭배에 관해서 노래한다.

먼저 첫 번째 저주 신탁(6-8절)을 보면, 이 조롱의 노래는 남의 것을 긁어모아 자기 것으로 만든 바벨론의 탐욕스런 행위를 비난한다. 바벨론이 "볼모 잡은 것으로 무겁게 짐을 졌다"(6절 하반절)는 것은 그들이 다른 나라를 정복하고 그 나라 사람들에게서 빼앗은 것으로 부자가 되었음을 뜻한다. 그러나 이러한 노략 행위는 오래 가지 못할 것이다. 과거에는 남의 나라 백성들에게 무거운 세금을 물림으로써 그들을 빚더미에 사로잡히게 하였지만, 하나님의 정하신 때가 되면 이제는 거꾸로 그들을 물 자들(biters), 곧 빚쟁이들이 홀연히 일어날 것이며, 잠에서 깨어나 갑작스럽게 그들에게 들이닥쳐서 그들을 괴롭힐 것이다. 지난날에는 그들이 남의 나라를 실컷 노략하였으나, 이제는 거꾸로 그들이 정복한 모든 다른 나라의 남은 자들이 그들을 약탈하여 빈털터리가 되게 할 것이라는 얘기다. 바벨론이 이러한 형벌을 받는 이유는 다른 데에 있지 않다. 그것은 그들이 남의 나라를 침략하는 과정에서 많은 사람들을 피 흘려 죽게 하고, 땅과 성읍과 그 안에 사는 주민들에게 폭력을 휘둘렀기 때문이다(7-8절; 17절도 참조).

2. 폭력에 대한 벌(2:9-17)

(9절)   재앙을 피하기 위하여 높은데 깃들이려 하며
         자기 집을 위하여 불의의 이를 취하는 자에게 화 있을찐저
(10절) 네가 여러 민족을 멸한 것이
         네 집에 욕을 부르며
         너로 네 영혼에게 죄를 범하게 하는 것이 되었도다
(11절) 담에서 돌이 부르짖고
         집에서 들보가 응답하리라
(12절) 피로 읍을 건설하며
         불의로 성을 건축하는 자에게 화 있을찐저
(13절) 민족들이 불 탈 것으로 수고하는 것과
         열국이 헛된 일로 곤비하게 되는 것이
         만군의 여호와께로서 말미암음이 아니냐
(14절) 대저 물이 바다를 덮음 같이
         여호와의 영광을 인정하는 것이 세상에 가득하리라
(15절) 이웃에게 술을 마시우되
         자기의 분노를 더하여 그로 취케 하고
         그 하체를 드러내려 하는 자에게 화 있을찐저
(16절) 네게 영광이 아니요 수치가 가득한즉
         너도 마시고 너의 할례 아니한 것을 드러내라
         여호와의 오른손의 잔이 네게로 돌아올 것이라

　　　　더러운 욕이 네 영광을 가리우리라
(17절) 대저 네가 레바논에 강포를 행한 것과
　　　　짐승을 두렵게 하여 잔해한 것
　　　　곧 사람의 피를 흘리며
　　　　땅과 성읍과 그 모든 거민에게 강포를 행한 것이
　　　　네게로 돌아오리라

　바벨론에게 주어지는 저주 신탁 중에서 두 번째로부터 네 번째까지는 주로 바벨론이 탐욕을 채우기 위하여 남의 나라 백성들에게 행한 폭력에 초점을 맞추고 있다. 먼저 9-11절에 있는 두 번째의 저주 신탁을 보자. 이 신탁에 의하면, 바벨론은 자기 집을 부요하게 하려고 부당한 이득을 탐내는가 하면, 높은 곳에 둥지를 틀고 재앙에서 벗어나려고 애쓴다(9절). 달리 말해서 그들은 자기 나라를 강하게 하려고 계속해서 정복 전쟁과 약탈에 힘쓰며, 외부의 공격을 막기 위하여 성읍과 요새들을 더욱 견고하게 하려고 애쓴다. 그러나 그렇게 한들 무슨 소용이 있으랴! 바벨론이 뭇 민족을 꾀어서 망하게 한 것이 결과적으로는 그의 집안에 욕(부끄러움)을 불러들인 꼴이 되었고, 그의 '영혼'(생명; '네페쉬')에게 죄를 범하게 한 것이 될 것이기 때문이다(10절). 여기서 영혼에게 죄를 범하게 했다는 것은 그들의 생명이 끝장나게 되었음을 뜻한다.

　그 뿐만이 아니다. 하나님의 정하신 때가 되면 담에 있는 돌들이 원수를 갚아 달라고 부르짖을 것이며, 집에 있는 들보가 이에 맞장구칠 것이다(11절). 그 이유는 담(성읍)과 집(궁궐)이 수많은 노예들과 포로들의 피땀으로 쌓아 올려진 것들이기 때문이다. 담에 있는 돌들과 집에 있는 들보는 참으로 억울하게 희생당한 이들의 피와 눈물을 목격한 증인들이 아니겠는가! 그래서 담에 있는 돌들이, 마치 아벨의 피가 땅에서 호소하듯이(창 4:10), 비참하게 죽어간 자들의 억울함을 호소하면, 집에 있는 들보가 이에 맞장구치리라는 것이다. 예수께서도 이와 비슷한 말씀을 하신 적이 있다. 사람들이 마땅히 말을 해야 할 때에 침묵하게 되면 돌들이 말을 하게 되리라는 것이다: "대답하여 가라사대 내가 너희에게 말하노니 만일 이 사람들이 잠잠하면 돌들이 소리지르리라 하시니라"(눅 19:40).

하박국이 언급하는 세 번째의 저주 신탁은 12-13절에 이어지는 것으로서, 바벨론이 피로 성읍을 건설하며 불의로 성을 건축하는 죄악을 범했음을 지적한다. 그들이 남의 나라 백성들을 마음대로 잡아다가 성을 쌓는 데 노예처럼 부려먹겠지만, 그것은 불에 탈 것으로 헛수고하는 하는 것이나 다름이 없을 것이다. 포로로 잡혀온 '민족들'이 애써서 한 일들이 언젠가는 다 불에 타서 없어지는 날이 오고야 말 것이기 때문이다. 또한 그들이 애써서 세운 것들이 다 무너질 날이 오고야 말 것이다. 그 결과 바벨론은 자기들이 포로로 잡아온 '열국'을 '헛된 일'로 피곤하게 했음을 깨닫게 될 것이다. 하박국의 이러한 지적은 예레미야에게서도 똑같이 발견된다:

> 만군의 여호와가 이같이 말하노라 바벨론의 넓은 성벽은 온전히 무너지겠고 그 높은 문들은 불에 탈 것이며 백성들의 수고는 헛될 것이요 민족들의 수고는 불탈 것인즉 그들이 쇠패하리라 하시니라(렘 51:58)

하박국의 세 번째 신탁은 폭력과 강포에 기초한 영광이 결코 오래 가지 못한다는 것을 가르치려는 목적을 가지고 있다. 바벨론에게 있는 영광은 잠깐 있다가 불에 타버릴 일시적인 것이라는 뜻이다. 그러나 세상 역사를 주관하시는 하나님의 영광은 그렇지 않다. 그것은 그의 거룩한 뜻과 공의에 기초한 것이기 때문에 영원한 것이요, 범세계적인 것이다. 그래서 14절은 이렇게 결론짓는다: "대저 물이 바다를 덮음 같이 여호와의 영광을 인정하는 것이 세상에 가득하리라"(사 11:9 참조). 영화가 끝이 없는 것처럼 보였던 강성한 나라 바벨론이 하나님께서 말씀하신 대로 심판을 받아 망하게 되면, 마치 바다에 물이 넘실거리듯이 하나님의 영광을 아는 지식이 땅에 가득할 것이다. 이제는 누구나 야웨 하나님이야말로 영광을 받아야 할 유일한 분임을 깨닫게 될 것이요, 그것을 모르는 사람이 없게 될 것이다.

이어 하박국은 15-17절에서 네 번째의 저주 신탁을 노래한다. 이 저주 신탁에 의하면, 바벨론은 마치 홧김에 이웃에게 술을 퍼먹여 곯아떨어지게 하고는 그 알몸을 헤쳐 보는 자와도 같다(15절; 렘 51:7 참조). 그러고서는 그들은 자기들이 그러한 승리로 인해 큰 영광을 얻을 것이라고 생각한다. 실제로 그들이 강대 제국으로 얻은 영광은 대단했다. 그러나 그것이 언제까지고 계속되는 것은 아니다. 때가 되면 그들이 남을 능욕한 것처럼 그들 역시 실컷 능욕 당할 때가 올 것이다. 이전에는 그들이 남의 나라 백성들을 벌거벗겼으나, 이제는 거꾸로 그들 자신이 하나님의 오른손에 들린 심판의 잔을 받아 마시고서는 곯아떨어져 그 알몸을 드러낼 것이다(16절).

이처럼 바벨론이 심판의 잔을 받아 취하리라는 것(시 11:6; 75:8 참조)이나 그 알몸을 드러내리라는 것은, 일반적으로 하나님의 심판과 형벌을 상징하는 표현들 중의 하나이다(시 11:6; 75:8 참조). 이사야(51:17)는 진노의 술잔에 대한 표현을 예루살렘의 파멸에 적용하고 있으며, 예레미야(25:15-28)나 오바댜(1:16)는 그것을 예루살렘을 비롯한 모든 주변 나라들에 임할 하나님의 심판으로 설명한다. 그런가 하면 나훔(3:11)은 앗수르가 하나님의 진노의 술잔을 받아 취하게 될 것이라고 보며, 예레미야 애가(4:21)는 에돔이 그 잔을 마실 것이라고 말한다. 계시록(16:19)은 사탄의 무리를 상징하는 큰 성 바벨론이 하나님의 맹렬한 진노의 포도주 잔을 받을 것이라고 예언한다. 알몸을 드러낸다는 것도 동일하게 하나님의 심판을 통해 겪을 수치를 의미하는 것으로, 나훔(3:5)과 애가(4:21)는 제각기 앗수르와 에돔의 패망에 그것을 적용하고 있으며, 이사야(47:2-3)는 바벨론의 파멸에 그러한 표현을 사용하고 있다.

이와 같이 바벨론은 하나님의 진노의 잔을 받아 마시고서 알몸을 드러냄으로써, 자기들이 이제껏 영광을 누린 것만큼이나 수치를 당하게 될 것이다. 그 결과 더러운 욕(수치)이 이전의 영광을 완전히 가리우고 말 것이다. 과거에는 그들이 레바논에서 마음껏 폭력을 행하였지만(사 14:8; 37:24), 그때 저지른 폭력이 이제는 그들 자신에게로 돌아갈 것이다. 그리고 레바논의 짐승들을 잔인하게 죽인 그 두려움이 그들을 덮칠 것이다. 그 이유는 그들이 지난날에 사람들을 잔인하게 죽이고, 마을들을 짓밟는가 하면, 성읍마다 쳐들어가 그 주민들을 닥치는 대로 죽였기 때문이다(17절). 비록 그들이 하나님의 심판을 대행하는 도구로 선택되기는 했지만, 그럼에도 불구하고 그들은 하나님께서 허락하신 것 이상의 폭력을 행한 까닭에(사 47:5; 슥 1:15), 하나님의 징벌을 피하지 못할 것이다.

3. 우상 숭배에 대한 벌(2:18-20)

(18절) 새긴 우상은 그 새겨 만든 자에게 무엇이 유익하겠느냐
부어 만든 우상은 거짓 스승이라
만든 자가 이 말하지 못하는 우상을 의지하니
무엇이 유익하겠느냐
(19절) 나무더러 깨라 하며
말하지 못하는 돌더러 일어나라 하는 자에게 화 있을찐저
그것이 교훈을 베풀겠느냐
보라 이는 금과 은으로 입힌 것인즉
그 속에는 생기가 도무지 없느니라
(20절) 오직 여호와는 그 성전에 계시니
온 천하는 그 앞에서 잠잠할찌니라

바벨론은 이처럼 그가 행한 폭력과 강포에 대하여 벌을 받을 뿐만 아니라, 역사를 주관하시는 하나님을 인정하지 않고 그 대신에 우상을 섬긴 죄로 인해서도 하나님께 벌을 받을 것이다. 다섯 번째 저주 신탁(18-20절)이 이 점을 노래하고 있다. 이 조롱의 노래에 의하면, 새겨서 만든 우상은 아무짝에도 쓸모가 없는 것이다. 아무런 유익도 주지 못한다. 부어서 만든 우상도 마찬가지이다. 그것은 옳지 않은 것만을 가르치는 거짓 스승일 뿐, 섬겨야 할 대상이 결코 아니다. 말도 못하는 그러한 우상에게 의지한들 무슨 소용이 있겠는가! 그들에게서는 어떠한 아무런 도움도 받지 못한다. 사람이 만든 것에 지나지 않기 때문이다(참조, 사 40:19-20; 41:6-7; 렘 10:1-5, 8-9, 14-15; 시 115:4-8; 135:15-18 등):

> 사람들이 주머니에서 금을 쏟아 내며 은을 저울에 달아 장색에게 주고 그것으로 신을 만들게 하고 그것에게 엎드려 경배하고 그것을 들어 어깨에 메어다가 그의 처소에 두면 그것이 서서 있고 거기서 능히 움직이지 못하며 그에게 부르짖어도 능히 응답지 못하며 고난에서 구하여 내지도 못하느니라(사 46:6-7)

어떤 이는 나무를 향하여 '깨어나소서!' 라고 말한다. 또 어떤 이는 말하지 못하는 바위(돌)를 향하여 '일어나소서!' 라고 부르짖는다. 그러나 이런 사람들은 야웨 하나님의 주권을 인정하지 않은 것으로 인하여 형벌을 면치 못할 것이다. 아무런 가르침도 주지 못하는 무익한 우상을 향해 절을 하고 있으니, 어찌 하나님이 그것을 그냥 두시겠는가! 아무리 잘 만들어도 기껏해야 금과 은으로 입힌 것에 지나지 않은 것이요, 그 안에 아무런 생기도 없는 것인데, 그것을 섬기고 그것에게 예배하는 것이 어찌 하나님을 기쁘시게 하겠는가! 다만 그의 진노하심이 기다리고 있을 뿐이다.

바벨론 제국은 이상에서 언급한 여러 가지 죄악들로 인하여 하나님의 심판을 면치 못할 것이다. 과거에는 그들이 남의 나라를 노략질하고 약탈하였으나, 이제는 거꾸로 그들이 다른 나라의 공격을 받아 이제껏 긁어모은 것들을 다 빼앗길 것이다. 다른 나라 사람들을 죽이고 빼앗은 것들로 인하여 부요하게 되고, 또 남의 나라를 정복한 것으로 인하여 한없이 영광을 얻을 것 같지만, 부요와 영광은커녕 살아남은 다른 민족들에게 남김없이 다 털릴 것이다.

바벨론을 향한 하나님의 이러한 심판은 마침내 사람들로 하여금 다음과 같은 고백을 하게 만든다: "오직 여호와는 성전에 계시니 온 천하는 그 앞에서 잠잠할찌니라"(20절). 하나님은 참으로 세상 역사를 주관하시는 분이시요, 모든 세상 사람들에게서 영광을 받아 마땅한 분이시다 (14절). 그는 돌이나 나무로 만든 우상들처럼 눈에 보이는 어떤 형상을 가지고 있는 분이 아니다. 도리어 그는 그의 성전 안에서 눈에 보이지 않는 형상으로 자신을 드러내신다. 따라서 연약한 우리 인간은 단지 그의 앞에서 잠잠히 그가 하시는 일을 보고만 있으면 되는 것이다. 이스라엘 백성이 홍해 바다 앞에서 이집트 군대의 추격을 받고서 하나님을 향한 원망과 불평에 사로잡혀 있을 때 모세가 한 말이 이 점을 가장 잘 보여 준다:

> 모세가 백성에게 이르되 너희는 두려워 말고 가만히 서서 여호와께서 오늘날 너희를 위하여 행하시는 구원을 보라 너희가 오늘 본 애굽 사람을 또 다시는 영원히 보지 못하리라(출 14:13; 참조, 시 73:16-20; 습 1:7; 슥 2:13 등)

IV. 찬미의 노래(3:1-19)

1. 표제와 후기에 대한 해설(3:1, 19b)

(1절)   시기오놋에 맞춘바 선지자 하박국의 기도라
(19b절) 이 노래는 영장을 위하여 내 수금에 맞춘 것이니라

두 차례에 걸친 하나님의 답변과 갈대아인들(바벨론)을 상대로 하는 다섯 개의 저주 신탁을 통해, 하박국은 하나님의 공의에 대한 모든 의심을 극복하고 신실하신 하나님을 찬송하는 노래를 부른다(3장). 찬양시의 유형에 속한 3장의 이 노래는 탄식조의 질문들과 그에 대한 응답(하

나님의 신탁)들로 이루어진 1-2장의 내용과 크게 대조를 이룬다. 그런데 흥미롭게도 1948년에 사해(死海) 부근의 쿰란(Qumran) 동굴에서 발견된 하박국 주석서에는 3장의 이 노래가 누락되어 있다. 반면에 70인역을 비롯한 거의 대부분의 사본들은 이 3장을 포함하고 있다. 따라서 하박국서가 본래 3장으로 되어 있다는 사실에는 큰 문제가 없다. 쿰란 사본에 하박국 3장이 없는 것은, 아마도 그것이 쿰란 공동체의 사용 목적에 적합하지 않았기 때문일 것이다.

하박국 3장은 사실 1-2장의 대화와 신탁의 말씀에 대한 하박국의 응답이라는 점에서, 1-2장의 다소 불완전한 내용을 완결 짓는 역할을 수행한다. 3장의 이러한 역할은 하박국의 신앙이 어떻게 하여 보다 완전한 데로 나아가고 있는가를 보여 준다는 점을 통해서도 확인된다. 또한 3장은 하나님의 공의 문제에 대하여 불평하고 하소연하는 하박국의 태도가 하나님의 구원 신탁을 통해서 어떠한 결론에 도달하는가를 보여 주고 있기도 하다. 그러니까 참된 신앙이란 하나님이 하시는 모든 일에 대하여 절대적인 순종과 신뢰의 태도를 가짐을 뜻한다는 것이다. 이 점에서 볼 때, 하박국 3장은 앞에 있는 1-2장의 내용과 연속성을 가지고 있음이 분명하다.

이제 이 노래의 구조에 대해서 살피기로 하자. 하박국 3장에 있는 이 찬미의 노래는 그 중심 내용에 비추어 볼 때 크게 두 부분으로 나누인다. 전반부(2-15절)는 하나님의 나타나심(顯現; theophany)과 그 결과에 대해서(2-7절), 그리고 하나님께서 자기 백성을 구원하시기 위해 원수의 세력과 싸우시는 장면(8-15절)을 묘사하고 있다. 그런가 하면 후반부(16-19절)는 하박국의 신앙고백에 대해서 노래하고 있다. 그리고 전반부의 내용이 바벨론이 받을 심판에 대해서 묘사하고 있는 2:5-20

에 상응한다면, 후반부는 비록 더딜지라도 기다리되 의인은 믿음으로 산다는 것을 명심하라는 2:1-4에 상응한다. 이와 아울러 한 가지 주목할 것은, 이 두 부분이 흥미롭게도 2절과 16절에서 똑같이 1인칭 단수로 시작한다는 점이다: "(2절) 여호와여, 내가 주께 대한 소문을 듣고 놀랐나이다…(16절)… 내가 들었으므로 내 창자가 흔들렸고…"

한편, 하박국은 제의 속에서 사용된 시편의 많은 시들과 마찬가지로 3장 1절에 이른바 표제(superscription/title)를 붙이고 있으며, 마지막 19절 하반절에는 일종의 후기(postscript)를 덧붙이고 있다. 이 점은 하박국 3장이 이스라엘의 제의 속에서 널리 사용된 시들과 같은 유형에 속한 본문임을 잘 보여 준다. 이것은 하박국이 이스라엘 제의시(祭儀詩)들의 형식을 모방하여 3장에 있는 찬미의 노래를 만든 것이라고 볼 수 있다. 이와 아울러 하박국 3장이 시편처럼 공중 예배용으로 사용되었을 가능성도 배제할 수 없을 것이다.

먼저 1절의 표제에 대하여 살펴보기로 하자. 표제(表題)는 일반적으로 어떤 노래(또는 시)의 기원과 그 제의적인 사용, 곧 의식적이고 음악적인 용례에 관한 정보를 제공하며, 그 노래의 유형과 용도 및 목적 등에 대해서 알려 준다. 시편에 있는 시들의 표제를 보면 이 점을 알 수 있다. 하박국 3장 1절의 표제 역시 마찬가지이다. 이 표제는 무엇보다도 이 노래가 하박국의 '기도'(히브리어로 '트필라')임을 밝히고 있다. 시편에 수집되어 있는 시들 중에도 '기도'라는 표제를 가지고 있는 것이 더러 있다. 17편, 86편, 90편, 102편 142편 등의 다섯 개가 그러하다. 그러나 이들은 하박국 3장과 똑같은 표제를 가지고 있으면서도 그 유형에 있어서 매우 큰 차이를 보인다. 이 시들이 한결같이 탄식시의 유형에 속한 반면에, 하박국 3장의 '기도'는 그와는 대조적으로 찬양시의 범주에 속하기 때문이다.

하박국 3장 1절의 표제는 또한 이 찬미의 노래를 '시기오놋'에 맞추어 불러야 한다고 규정한다. 여기서 '시기오놋'은 시편 7편의 표제에 있는 '식가욘'과 어근(語根)이 똑같은 것이지만, 그것이 무엇을 지칭하는지에 대해서는 아직까지 정확하게 알려진 바가 없다. 19절 하반절에 있는 것과 같이 수금을 뜻하는 말일 수도 있겠고, 아니면 노래 부르는 방법에 대해서 규정하는 전문적인 음악 용어일 수도 있을 것이다. 후자의 경우 아마도 그것은 '샤가'('방황하다' 또는 '흔들리다')라는 동사에서 파생한 명사로서, 리듬이 빠른 속도로 변하는 감정적이고 격정적인 노래를 지칭하는 것일 수 있다. 굳이 지적하자면, 2절에 있는 "내가 주께 대한 소문을 듣고 놀랐나이다"라는 말이 이와 관련될 것이다.

후기(後記)에 해당하는 19절 하반절에도 표제와 유사한 설명이 추가되어 있다. 이 후기는 하박국 3장의 찬양시를 어떻게 부를 것이며, 또 어떤 악기를 사용하여 부를 것인가에 대해서 규정하고 있다. 이 규정에 의하면, '하박국의 기도'는 '영장'(伶長), 곧 음악 지휘자(choirmaster, music director)의 지휘를 따라서 부르되, 현악기의 일종인 수금에 맞추어 부르게 되어 있다. 시편 4편, 6편, 54-55편, 61편, 67편, 76편 등의 표제들 역시 이와 똑같은 사항을 지시하고 있다. 한글판 개역은 시편 표제들의 경우에는 그것을 '현악'이라고 번역하면서, 하박국 3장 후기의 경우에는 그것을 '수금'이라고 번역하고 있지만, 히브리어 낱말('느기노트')로는 양자가 완전히 똑같다.

그리고 노래 중간 중간에 반복되는 '셀라'는 구약 전체에서 모두 74회 사용되는 전문 용어로, 시편에서 71회가 사용되고 나머지 3회는 하박국 3장에서 사용된다(3, 9, 13절). 그 의미가 무엇인지에 대해서는 아직도 학자들 사이에 논란이 많다. 목소리를 높이거나 눈을 들어 올리라는 표시로 이해하는 사람이 있는가 하면, 휴식이나 간주(間奏)를 뜻하는 것으로 이해하는 사람도 있다. 그러나 일반적으로는 기도하면서 몸을 굽힐 것을 요구하는 표시로 보는 의견이 가장 무난할 것으로 보인다.

2. 하나님의 현현과 그 결과(3:2-7)

(2절)   여호와여 내가 주께 대한 소문을 듣고 놀랐나이다
        여호와여 주는 주의 일을
        이 수년 내에 부흥케 하옵소서
        이 수년 내에 나타내시옵소서
        진노 중에라도 긍휼을 잊지 마옵소서
(3절)   하나님이 데만에서부터 오시며
        거룩한 자가 바란산에서부터 오시도다 (셀라)
        그 영광이 하늘을 덮었고
        그 찬송이 세계에 가득하도다
(4절)   그 광명이 햇빛 같고
        광선이 그 손에서 나오니
        그 권능이 그 속에 감취었도다
(5절)   온역이 그 앞에서 행하며
        불덩이가 그 발밑에서 나오도다
(6절)   그가 서신즉 땅이 진동하며
        그가 보신즉 열국이 전율하며
        영원한 산이 무너지며
        무궁한 작은 산이 엎드러지나니
        그 행하심이 예로부터 그러하시도다
(7절)   내가 본즉 구산의 장막이 환난을 당하고
        미디안 땅의 휘장이 흔들리도다

하박국은 이 노래의 서두에서 자기가 하나님께 대한 굉장한 소문을 듣고 놀랐다고 고백한다. 그 소문은 다른 것이 아니라, 하나님께서 바벨론을 통해 유다 나라를 징계하려 하신다는 소식과 아울러, 그 바벨론조차도 자신의 악독으로 인해 하나님의 심판을 면치 못할 것이라는 소식이었다. 이에 그는 하나님께서 작정하신 그 일들을 속히 이루시고, 진노하시는 중에서도 자기 백성을 향한 긍휼을 잊지 마실 것을 간구한다(2절). 이 간구에는 그 일이 언제 이루어질지는 아무도 알 수 없지만, 반드시 그 일이 이루어질 것임을 믿고 끝까지 기다리겠다는 하박국의 굳은 결심이 포함되어 있다. 이로써 그는 자기가 하나님께서 이제까지 주신 말씀을 철저하게 믿고 있음을 간접적으로 고백하고 있는 셈이다.

이처럼 짧은 간구에 이어서, 그는 하나님의 현현에 대하여 상세하게 묘사한다. 하나님의 현현은 문자 그대로 하나님께서 악인을 심판하시고 의인을 구원하시려고 자신의 모습을 드러내는 것을 뜻한다. 따라서 그것은 하나님의 심판과 구원을 동시에 포함하고 있다. 이러한 의미를 가진 하나님 현현은 시편을 비롯한 시문체 본문들의 중심 주제로 나타나는바, 특히 신명기 33:2; 사사기 5:4-5; 사무엘하 22:8-16; 시편 18:7-15; 68:7-8, 17, 32-34; 77:16-19; 97:1-5 등이 그러하다.

그런데 하박국의 하나님 현현 묘사에 의하면, 하나님은 시내산에서 강림하실 때와 똑같은 모습을 가지고서 나타나신다:

> 여호와께서 시내에서 오시고 세일산에서 일어나시고 바란산에서 비취시고 일만 성도 가운데서 강림하셨고 그 오른손에는 불같은 율법이 있도다 여호와께서 백성을 사랑하시나니 모든 성도가 그 수중에 있으며 주의 발 아래에 앉아서 주의 말씀을 받는도다(신 33:2-3)

그는 그 때와 마찬가지로 시내 반도의 남부 지역에서 자신의 모습을 드러내신다. 그가 자신을 드러내시는 데만(Teman)은 에돔의 북서쪽에 있으며, 바란(Paran)은 에돔과 시내산 사이에 있는 아카바만(the Gulf of Aqabah) 서쪽 부근의 산악 지대인 까닭에, 하나님이 '데만에서부터 오시며 바란산에서부터 오신다'는 것은 지리적으로 볼 때 그가 시내산 지역으로부터 나오신다는 신명기의 표현과 거의 일치한다고 볼 수 있다.

시내산 강림 때와 다른 점이 있다면, 시내산 강림 때에는 율법을 주시는 분으로 자신을 드러내시지만, 여기서는 온 세상의 왕으로, 그리고 거룩하신 분으로 자신을 드러내신다는 점이다. 하늘에는 그의 영광이 뒤덮이고 땅에는 찬양 소리가 가득하다는 표현이 그 점을 뒷받침한다(3절). 그에게서 나오는 빛은 밝기가 햇빛 같고, 그의 손에서 뻗어 나오는 두 줄기의 불빛(광선)은 그 속에 엄청난 힘을 감추고 있다(4절).

하나님은 또한 온역(질병)을 앞장세우시고 불덩이 - 더 정확하게는 불덩이 같은 전염병(열병) - 를 뒤따르게 하신다(5절). 창조주이신 그가 발길을 멈추시면 그가 만든 피조물인 땅이 진동하며, 그가 노려보시면 세상 모든 나라들이 두려워 떤다. 그가 임하시면 언제까지나 버틸 것 같은 산들('영원한 산')조차 무너져 내리며, 영원히 서 있을 것 같은 언덕들('무궁한 작은 산')마저도 주저앉는다(6절 상반절).

뿐만 아니라 하나님의 임재 앞에서는, 그 옛날에 미디안이 하나님의 심판을 당하던 때와 마찬가지로, 구산(Cushan; 미디안과 마찬가지로 에돔 부근의 베두인족을 가리킴)의 천막들과 미디안 땅의 휘장들이 난리를 만난 듯이 떨며 흩날린다(7절). 여기서 굳이 구산이나 미디안에 대해서 언급하는 이유는, 이 두 지역이 하나님의 현현 장소인 시내산 지역과 가장 가까이에 있기 때문이다. 어쨌든 분명한 것은, 하나님의 행차

(行次)가 이처럼 두려운 것이라는 사실이다. 하나님의 나타나심은 아주 오랜 옛적부터 이러한 방식을 취해 왔다(6절 하반절).

3. 구원을 위한 하나님의 싸움(3:8-15)

(8절)   여호와여 주께서 말을 타시며 구원의 병거를 모시오니
         하수를 분히 여기심이니이까
         강을 노여워하심이니이까
         바다를 대하여 성내심이니이까
(9절)   주께서 활을 꺼내시고 살을 바로 발하셨나이다 (셀라)
         주께서 하수들로 땅을 쪼개셨나이다
(10절) 산들이 주를 보고 흔들리며 창수가 넘치고
         바다가 소리를 지르며 손을 높이 들었나이다
(11절) 주의 날으는 살의 빛과
         주의 번쩍이는 창의 광채로 인하여
         해와 달이 그 처소에 멈추었나이다
(12절) 주께서 노를 발하사 땅에 둘리셨으며
         분을 내사 열국을 밟으셨나이다
(13절) 주께서 주의 백성을 구원하시려고,
         기름 받은 자를 구원하시려고 나오사
         악인의 집머리를 치시며
         그 기초를 끝까지 드러내셨나이다 (셀라)
(14절) 그들이 회리바람처럼 이르러 나를 흩으려 하며
         가만히 가난한 자 삼키기를 즐거워하나
         오직 주께서 그들의 전사의 머리를
         그들의 창으로 찌르셨나이다
(15절) 주께서 말을 타시고 바다
         곧 큰 물의 파도를 밟으셨나이다

하박국은 이처럼 2-7절에서 하나님을 향한 자신의 간구(2절)를 소개하고, 이어서 하나님의 임재가 갖는 일반적인 위엄과 권능을 묘사한 다음에(3-7절), 8-15절에서는 하나님이 마치 천재지변이 일어나는 것과도 같은 분위기 속에서 자신을 드러내시는 목적이 무엇인지를 밝힌다. 그것은 곧 하나님이 자기 백성을 구원하시기 위해 원수의 세력(바벨론)과 싸우시고 그들을 물리치시는 것을 말한다. 그에 의하면, 창조주 하나님 앞에서는 산이나 언덕뿐만 아니라 강과 바다까지도 어찌할 바를 모른다. 그것은 하나님께서 과거에 이스라엘을 위해 홍해를 나누시고(출 14:15-31), 또 요단강을 말리시던 때와 같은 것이다(수 3:14-17). 이것을 하박국은 하나님께서 강이나 바다를 향하여 진노하시는 것으로 묘사하며, 그것을 의문문 형태로 표현함으로써 그 의미를 극대화하고 있다.

그렇다면 8절에서 하박국이 말하는 강이나 바다는 구체적으로 무엇을 지칭하는 것일까? 그것은 하나님을 대적하는 혼돈(chaos)의 세력, 더 정확하게는 악을 행하는 모든 민족들 - 여기서는 바벨론 - 을 가리킨다(시 74:12-15; 89:9-10; 사 51:9-10). 8절 하반절(개역에서는 상반절)을 보면 이 점이 더 분명해진다. 하박국은 하나님께서 말을 타시고 구원의 병거를 몰고 오신다고 묘사함으로써(시 18:10; 68:17 참조), 강이나 바다를 향한 하나님의 진노가 강이나 바다 자체를 겨냥하고 있는 것이 아니라, 그의 백성을 괴롭히는 악의 무리들을 겨냥하고 있음을 분명하게 보여 준다.

그리고 한 가지 주목할 것은, 8절부터는 하나님의 현현에 대한 묘사가 그를 전쟁터에서 싸우시는 전사(戰士)로 보고 있다는 점이다. 이러한 묘사는 15절에 이르기까지 계속 이어진다. 악인에게 진노하시고 또 그들을 심판하기 위하여 임하시는 하나님의 모습은 마치 그가 활을 꺼내시고 화살을 메우셔서 힘껏 잡아당기는 것과도 같다(9절). 그는 또한 급류를 이루는 강줄기로 땅을 조각조각 쪼개시는 분이다. 그의 진노와 심판 앞에서는 산들이 흔들리며, 거센 물결이 넘치고, 깊은 바다(히브리어로는 '트홈')가 손을 높이 들고 아우성친다(10절).

하나님께서 번쩍이는 화살을 당기시고 그가 날카로운 창(번개)을 내던지시면, 그 빛과 광채로 인하여 해와 달까지도 하늘에서 멈추어 설 정도이다(11절; 수 10:12-14 참조). 달리 말해서 폭풍과도 같은 하나님의 위세가 지속되는 동안에는, 해와 달도 그 빛을 잃고 마는 것이다:

> 여호와의 날 곧 잔혹히 분냄과 맹렬히 노하는 날이 임하여 땅을 황무케 하며 그 중에서 죄인을 멸하리니 하늘의 별들과 별 떨기가 그 빛을 내지 아니하며 해가 돋아도 어두우며 달이 그 빛을 비취지 아니할 것이로다(사 13:9-10; 참조, 욜 2:1-2, 10; 3:14-15; 암 8:9 등)

그 뿐만이 아니다. 그는 맹렬한 진노 가운데서 땅을 가로지르시며 그를 대적하는 모든 이방 나라들을 짓밟으신다(12절).

이처럼 하나님께서 일단 자기 백성과 그의 기름 부음 받은 자(다윗계의 왕)를 구원하려고 나오실 때에는, 악인의 집머리(왕궁)를 치시며 그 기초를 끝까지 드러내실 정도로 철저하게 심판을 행하신다(13절). 또한 하나님은 악한 무리들이 그의 백성을 흩어버리기 위해 회오리바람처럼 들이닥칠 때에나, 또 그들이 가난한 자들을 집어삼키려고 그들의 입을 벌릴 때에, 그들의 전사들(지휘관들)의 머리를 창으로 꿰뚫으신다(14절). 참으로 그는 말을 타고서 혼돈의 세력을 상징하는 바다를 밟으시는 분이요, 악의 무리를 지칭하는 큰 물결을 휘저으시는 분이다(15절). 이로써 그는 가난하고 의로운 그의 백성들, 곧 그만을 의지하고 그를 신뢰하는 자들을 구원하시는 분이다.

4. 하박국의 신앙고백(3:16-19a)

(16절) 내가 들었으므로 내 창자가 흔들렸고
그 목소리로 인하여 내 입술이 떨렸도다
무리가 우리를 치러 올라오는 환난 날을 내가 기다리므로
내 뼈에 썩이는 것이 들어 왔으며
내 몸은 내 처소에서 떨리는도다
(17절) 비록 무화과나무가 무성치 못하며
포도나무에 열매가 없으며
감람나무에 소출이 없으며
밭에 식물이 없으며
우리에 양이 없으며
외양간에 소가 없을찌라도
(18절) 나는 여호와를 인하여 즐거워하며
나의 구원의 하나님을 인하여 기뻐하리로다
(19a절)주 여호와는 나의 힘이시라
나의 발을 사슴과 같게 하사
나로 나의 높은 곳에 다니게 하시리로다

2-15절에서 만물을 두렵게 하는 하나님의 현현과 이에서 비롯되는 심판 및 구원에 대해서 묘사한 하박국은, 이제 폭력과 불의가 판치는 어지러운 현실 세계로 다시 돌아온다. 16절을 보면 그 점이 분명하게 드러난다. 그는 갈대아인들이 이스라엘 백성 중에 악한 자들을 벌하기 위해 올라오는 환난 날을 기다리는 것이 두렵고 떨리는 일이요, 견디기 어려울 정도로 괴로운 일임을 솔직하게 고백한다. 그는 자신이 당하는 고통을 각종 신체 언어를 빌어 표현하고 있는바, 바벨론 군대가 그들을 치러

오는 소리에 그의 창자가 뒤틀리고 그의 입술은 떨리며, 그들이 공격할 날을 기다리는 동안 그의 뼈가 속으로 썩어 들어가는 듯한 고통을 느낀다. 또한 그의 몸(아랫도리)은 그가 서 있는 처소에서 발을 떼지도 못한 채로 심하게 후들거린다.

그러나 이처럼 공포와 떨림이 극에 달해 있는 중에도, 그는 하나님의 구원이 반드시 이루어질 것임을 확신하고 있었다. 17-19절의 노래가 이 점을 잘 보여준다. 먼저 그는 17절에서 지금 자기 나라 백성들이 처한 비극적인 상황에 대해서 설명하면서, 그것을 각종 농산물과 축산물의 수입이 전혀 없는 것에 비유하고 있다. 그가 보기에 당시의 남왕국 유다는 무화과나무가 무성하지 못하고 포도나무에 열매가 없을 뿐만 아니라, 감람나무에 소출(所出)이 없으며 밭에서 거두어들일 것(밭곡식)이 전혀 없는 것과도 같았다. 또한 그의 나라는 우리에 양떼가 없고 외양간에 소떼가 전혀 보이지 않는 것과도 같은 상황 속에 놓여 있었다(17절).

하박국이 묘사하는 이러한 비참한 현실은, 이스라엘이 하나님의 말씀을 멸시하고 그의 거룩한 뜻을 어긴 까닭에 그들에게 주어진 하나님의 심판의 결과라 할 수 있다. 아모스(4:9), 미가(6:15), 학개(2:16-17) 등이 이 점을 지적하고 있다. 달리 말해서 그것은 예레미야가 예언한 바와 같이, 하나님의 심판의 도구인 바벨론 군대가 남왕국 유다를 침공하여 예루살렘을 함락시키고서 그곳을 노략한 결과라 할 수 있다:

> 그들이 네 자녀들의 먹을 추수 곡물과 양식을 먹으며 네 양떼와 소떼를 먹으며 네 포도나무와 무화과나무 열매를 먹으며 네가 의뢰하는 견고한 성들을 칼로 파멸하리라(렘 5:17)

그러나 하박국은 현실이 이러하다고 해서 절망하거나 좌절하지 않는다. 또한 그는 이전에 그러했던 것처럼 하나님께 하소연하거나 그의 공의를 의심하지도 않는다. 도리어 그는 자기 나라가 처해 있는 현실이 아무리 비참할지라도, 야웨 하나님을 인하여 즐거워하며 그를 구원하신 하나님을 인하여 기뻐하겠노라고 말한다(18절). 비록 지금 당장은 악인이 들끓고 불의가 하나님의 공의를 짓밟고 있는 것처럼 보이지만, 그리고 이로 인하여 도무지 희망의 미래가 없는 것처럼 보이지만, 그럼에도 하나님의 신실하신 약속을 믿고서 기뻐하고 즐거워하겠다는 것이다. 비록 나라가 이방 민족의 말발굽 아래 짓밟히고 가뭄이나 기아와 같은 대재난이 닥친다 할지라도, 머잖아 구원을 이루실 하나님으로 인하여 즐거워하겠다는 것이다.

이것은 하박국이 자신의 조급증을 버리고서, 비록 그 약속이 더디 이루어질지라도 언젠가는 그것을 이루실 하나님의 시간표에 기꺼이 복종하겠다는 것을 뜻하는 것에 다름 아니다. 의로운 사람은 어떻게 해서든 그가 가진 믿음으로 말미암아 하나님께로부터 구원을 얻을 것이기 때문이다. 더욱이 야웨 하나님은 그의 유일한 힘이 되는 분이시요, 하박국의 발을 사슴과 같게 하셔서, 그로 하여금 그의 높은 곳(산등성이)을 마음껏 치닫게 하는 분이시기 때문이다(19절; 신 32:13 참조).

하박국은 이처럼 삶의 모든 만족과 기쁨이 사라지고 세상에서 의지할 모든 소망이 끊어진다해도, 오로지 하나님 한 분만으로 만족하고 기뻐할 것임을 분명하게 밝히고 있다. 이 얼마나 위대한 신앙인가! 사도 바울 역시 이와 동일한 신앙을 빌립보서 4:11-13에서 고백하고 있다. 배고픔과 풍부와 궁핍에도 일체의 비결을 배운 그는 마침내 "내게 능력 주시는 자 안에서 내가 모든 것을 할 수 있느니라"고 자신의 자족(自足)하는 신앙을 노래할 수 있었던 것이다. 고린도후서 4:8-10이나 로마서

8:35-37도 마찬가지이다. 모름지기 올바른 그리스도인이 되기를 원하는 자는 누구든지 하박국과 바울의 이 위대한 신앙을 철저하게 본받아야 할 것이다.

스바냐
ZEPHANIAH

I. 서론
II. 야웨의 날(1:1-2:3)
III. 주변 나라들에 임할 심판(2:4-15)
IV. 예루살렘의 죄와 하나님의 구원(3장)

I. 서론

1. 스바냐서의 특징 및 인물

스바냐서는 대부분의 다른 예언서들과 마찬가지로, 예언자가 활동한 시대와 그의 가족 사항에 대해서 소개한다. 1장 1절에 의하면 스바냐는 남왕국 유다의 요시야 왕(주전 640-609년) 때에 활동한 것으로 알려져 있다. 그리고 그는 구시(Cushi)라는 사람의 아들이었다. 그런데 한 가지 특이한 것은 스바냐서가 스바냐의 조상을 사대(四代)에 걸쳐서 소개하고 있다는 점이다. 예언자의 가족 사항에 대해서 언급하는 예언서들이 한결같이 그 예언자의 아버지가 누구인가를 소개하는 데서 끝나고 있는 것에 비하면, 스바냐서의 예언자 소개는 매우 이례적인 것이 아닐 수 없다. 그 이유는 어디에 있는 것일까?

스바냐서의 독특한 가문 소개에 대해서 사람들은 흔히 두 가지 사실을 언급한다. 그 하나는 스바냐가 구스(Cush; 지금의 이디오피아) 사람이 아니라는 것을 보여 주기 위해서라는 설명이다. 그러니까 스바냐는 순수한 유대인 자격으로 예언자가 된 것이지, 이방 사람(또는 아프리카 사람)으로서 예언자가 된 것이 아니라는 얘기다. 그러나 이것만으로는 설명이 불충분하다. 더욱 설득력이 있는 두 번째 설명은 스바냐가 왕족 출신 예언자임을 강조하기 위해서 그의 가문을 사대에 걸쳐 소개하고 있다고 본다. 만일에 이 설명이 맞다면, 그는 남왕국 유다의 전성기를 이루었던 히스기야 왕(주전 715-687년)의 현손(玄孫; 4대손)이 되는 셈이다.

스바냐 외에도 고위 관료 출신 예언자들이 전혀 없는 것은 아니었다.

예루살렘의 귀족 출신인 이사야(사 6:1-5)나 제사장 가문 출신의 예레미야(렘 1:1), 그리고 현직 제사장 출신인 에스겔(겔 1:1-3) 등이 그러하다. 그러나 그 중에서도 가장 눈에 띄는 인물이 스바냐이다. 왕족 출신으로서 예언자가 된 사람은 스바냐밖에 없었다. 그가 이처럼 왕족 출신임을 고려한다면, 그의 고향은 왕족들의 거주지인 예루살렘이거나 아니면 예루살렘에 인접한 지역이었을 것이다. 예루살렘에 대한 상세한 묘사(1:10) 내지는 예루살렘 지도층에 대한 비판의 메시지(3:1-4)가 그 점을 잘 보여 준다.

스바냐서를 다른 예언서들로부터 구별짓는 또 다른 특징은, 스바냐서에 자주 나타나는 '야웨의 날'(히브리어로 '욤 야웨')이라는 개념이다. 장차 있을 하나님의 심판이 어떠한 것인가를 일깨우는 이 특징적인 개념은 스바냐서에 모두 여섯 번이나 사용되고 있다. 물론 야웨의 날에 대해서 예언하는 자가 꼭 스바냐만은 아니다. 스바냐 외에도 아모스나 이사야, 미가, 예레미야, 에스겔, 오바댜, 스가랴, 요엘, 말라기 등이 야웨의 날에 대해서 말한다. 그러나 야웨의 날이 이들의 메시지에서 차지하는 비중은 그다지 크지 않다.

그렇지만 스바냐의 경우는 다르다. 스바냐는 그의 메시지의 절반 이상을 야웨의 날과 관련시키고 있다. 그러면서 그는 한결같이 그 날이 하나님께서 남왕국 유다의 백성들을 심판하실 날이라고 말한다. 이 점은 아모스(5:18-20)나 이사야(2:5-22), 에스겔(7:5-27), 요엘(1:15; 2:1-11), 말라기(4:5) 등의 경우도 마찬가지이다. 이와 동시에 스바냐는 야웨의 날이 하나님께서 이방 나라들을 심판하시는 날이기도 하다는 것을 강조한다. 다른 예언자들에게서도 나타나는 이러한 야웨의 날 개념(욜 3장; 슥 12-14장)은 사실상 이스라엘에 대한 구원의 메시지라고 할 수 있다.

2. 시대적인 배경

스바냐는 1장 1절에 언급된 대로 요시야 왕의 시대에 예언자로 활동했다. 그러나 그가 요시야 왕의 몇 년 무렵에 활동을 시작했는지는 알려져 있지 않다. 그럼에도 불구하고 우리는 그가 정확하게 언제쯤 본서에 기록된 메시지를 선포했는지를 대략 추정할 수 있다. 스바냐서에는 요시야 왕의 종교개혁에 관한 언급이 전혀 없다. 이것은 스바냐의 활동 시기가 종교개혁 이전임을 암시한다. 더욱이 요시야 왕의 종교개혁에 대해서 기록한 본문들을 보면(왕하 23:4-15; 대하 34:3-7), 요시야 왕은 스바냐가 지적했던 몇 가지의 악습들을 종교개혁을 통해서 제거했음이 분명하다(습 1:4-6).

또한 주전 612년에 바벨론 제국에 의해 무너졌던 앗수르 제국은 아직 멸망하지 않은 것으로 이야기되고 있다. 앗수르 제국에 임할 심판의 메시지가 그 점을 확인시켜 준다(2:13-15). 뿐만 아니라 유다 나라가 받을 벌에 대하여 책임을 져야 할 자들은 방백들이나 왕자들, 또는 재판장, 선지자, 제사장 등의 고위 관료들이었지, 결코 왕이 아니었다(1:8; 3:1-5). 이것은 스바냐가 예언자로 부름 받았을 때에는 요시야 왕이 아직 어렸을 것이라는 인상을 준다. 책임을 물을 수 없는 나이였을 것이라는 말이다.

이상과 같은 점들을 고려한다면, 스바냐는 요시야의 종교개혁이 본격화된 621년 이전, 더 정확하게는 주전 630년을 전후한 시기에 예언 활동을 시작했던 것으로 여겨진다. 그러니까 스바냐는 남왕국 유다에서 종교개혁이 절대적으로 요청되던 상황 속에서 하나님의 말씀을 선포한 것이다. 그가 지적한 극심한 우상 숭배의 상황(1:4-6)이나, 지배 계층의 비뚤어진 모습들(3:1-4)이 그 점을 뒷받침한다. 요시야 초기의 유다 나라는 사실 므낫세와 아몬 때의 무질서와 혼란을 거의 그대로 간직하고 있었다.

    당시의 상황을 좀더 구체적으로 살펴보기로 하자. 스바냐의 4대조인 히스기야 왕은 스바냐가 활동하던 무렵의 요시야 왕과 마찬가지로, 비뚤어진 나라 기강을 바로잡는 종교개혁을 추진한 바가 있었다(왕하 18:1-8). 그러나 히스기야의 개혁 정책은 그의 아들 므낫세(주전 687-642년)와 손자 아몬(주전 642-640년)을 거치는 동안에 돌이킬 수 없을 정도로 크게 변질되어 버렸다. 그러다가 나이 어린 요시야가 왕위에 올랐는데(8세), 요시야는 국정(國政)을 어느 정도 책임질 수 있는 나이에 이르자, 범죄에 빠진 유다 백성들의 불의와 불신앙을 제거하기 위해 재차 개혁 정책을 추진하였다(왕하 22:1-7; 대하 34:1-7). 그가 개혁 정책을 실시할 수 있었던 것은, 당시에 유다 왕국을 지배하던 앗수르 제국의 세력이 현저하게 약화되어 있었기 때문이었다.

    초보적인 단계에 머물러 있던 개혁 정책이 본 궤도에 오른 것은, 성전 수리 과정에서 율법책을 발견한 뒤의 일이었다. 요시야는 흔히 신명기로 알려져 있는 이 율법책을 읽고서 큰 충격을 받았다. 하나님의 심판이 임박했음을 피부로 느낀 요시야는 애초에 시작했던 종교개혁을 보다 철저하게 실시해야 할 필요성을 절감하였다(621년). 이렇게 해서 그의 개혁 정책은 나라의 잘못된 통치 질서와 백성들의 죄악된 삶을 근본적으로 변화시키는 쪽으로 나아가게 되었다. 물론 그러한 개혁의 기초와 중심 내용은 성전에서 발견한 율법책이었다. 그의 종교개혁은 율법책이

명하고 있는 모든 규례들을 그대로 적용하는 것을 특징으로 가지고 있었던 것이다(왕하 22:8-23; 대하 34:8-35:19).

스바냐가 선포한 말씀들은, 요시야가 이처럼 열정적으로 종교개혁을 추진하기 전의 혼란 상황을 전제하고 있다. 그러니까 스바냐가 활동할 당시의 남왕국은 개혁을 하지 않으면 안 될 정도로 현저하게 타락하고 부패해 있었다는 얘기다. 바로 이 때문에 스바냐는 야웨의 진노의 날, 곧 하나님께서 유다 백성의 죄악을 심판하실 날을 그토록 강조했던 것이다. 스바냐의 그러한 예언 메시지는, 위에서도 언급한 바와 같이 요시야 왕이 시작한 종교개혁에 상당한 영향을 주었을 것으로 보인다.

3. 스바냐서의 구성

1:1과 2:10-11 등의 세 절을 제외한 모든 본문이 시문체로 되어 있는 스바냐서는 그 내용이 크게 세 부분으로 나누어진다. 첫 부분은 1장 1절부터 2장 3절까지로서, 하나님께서 그의 백성을 심판하시는 진노의 날, 곧 야웨의 날에 관해서 언급하고 있다. 그리고 둘째 부분인 2장 4절부터 15절까지는 하나님께서 세상 나라들의 죄를 심판하실 일에 대해서 예언한다. 3장 1절부터 20절까지의 마지막 세 번째 부분은 예루살렘의 죄와 유다 백성이 당할 재난에 대해서 다시금 설명하면서, 남은 자들을 통하여 이루어질 하나님의 구원을 노래하고 있다. 이상의 것들을 한 마디로 요약하자면, 유다 백성에 대한 하나님의 심판, 이방 나라에 대한 심판, 심판 후에 있을 하나님의 구원 등의 세 가지가 스바냐서의 핵심 메시지인 셈이다.

먼저 첫 번째 부분에 대해서 살펴보자. 이 부분은 1장 1절의 표제에 이어 2-3절에서 하나님의 우주적인 심판에 대해 언급한다. 남왕국 유다에 대한 메시지를 전하기에 앞서 이처럼 하나님의 심판이 갖는 우주적인 차원을 강조하는 것은, 미가(1:2-4)나 나훔(1:2-8)에게서도 발견된다. 스바냐는 바로 이어 유다 나라의 세 가지 죄악을 지적한다. 극심한 우상 숭배, 혼합종교 현상(syncretism), 하나님께 대한 무관심 등이 그것이었다(4-6절). 이러한 세 가지의 죄악은 필연적으로 하나님의 심판을 불러일으키는바, 스바냐는 그들을 심판하기로 작정된 날, 곧 야웨의 날이 곧 임할 것임을 선언하였다. 그 날은 모든 악인들을 멸할 야웨의 진노의 날이었다(7-18절). 야웨의 날에 대한 스바냐의 메시지는 짤막한 회개 촉구로 끝을 맺는다(2:1-3).

이어 스바냐는 이방 나라들에 대한 심판의 메시지를 선포한다(2:4-15). 그가 선포하고 있는 열방 심판 메시지는 크게 네 개의 신탁들로 이루어져 있다. 물론 그 신탁들의 길이는 나라에 따라 일정하지 않다. 블레셋에 대한 신탁(4-7절)은 한데 묶인 채로 나타나는 모압에 암몬에 대한 신탁(8-11절)과 똑같이 네 개의 절로 되어 있고, 앗수르에 대한 신탁(13-15절)은 세 개의 절로 되어 있다. 그리고 중간에 있는 구스(이디오피아)에 대한 신탁은 한 개의 절로 되어 있다(12절). 그런데 이처럼 이스라엘의 전통적인 원수 국가들이 하나님의 심판을 받는다는 것은 유다 나라의 남은 자들에게 희망의 메시지로 이해되었다. 남은 자에 대해 얘기하는 7절과 9절이 그 점을 보여 준다.

마지막 3장에서 스바냐는 하나님의 심판의 근거가 되는 예루살렘의 죄를 고발하고 있다(1-8절). 예루살렘은 유다 나라의 수도로서 남왕국 유다 전체를 상징하는 도시였다. 그러면서도 예루살렘은 주로 유다 나라의 지배 계층이 거주하는 곳이었기 때문에, 예루살렘의 죄는 곧 지배 계층의 죄를 의미했다. 그것은 결국 지배 계층의 부패와 타락을 뜻했던 것이다. 그러나 스바냐는 하나님의 심판으로 모든 것이 끝장난다고 생각하지 않았다. 그는 새로운 희망의 미래가 있을 것임을 믿었고, 이것을 하나님께서 남은 자들을 통해서 그의 구원을 이루신다는 메시지로 정리하였다(9-20절). 이상의 주요 내용들을 알기 쉽게 정리하면 다음과 같다.

　　1. 야웨의 날(1:1-2:3)
　　　　(1) 하나님의 우주적인 심판(1:1-3)
　　　　(2) 유다 백성들에 대한 심판(1:4-6)
　　　　(3) 심판의 날(1:7-13)
　　　　(4) 주께서 분노하시는 날(1:14-18)
　　　　(5) 회개의 촉구(2:1-3)

　　2. 주변 나라들에 임할 심판(2:4-15)
　　　　(1) 블레셋에 임할 심판(2:4-7)
　　　　(2) 모압과 암몬에 임할 심판(2:8-11)
　　　　(3) 구스와 앗수르에 임할 심판(2:12-15)

　　3. 예루살렘의 죄와 하나님의 구원(3장)
　　　　(1) 예루살렘의 죄(3:1-5)
　　　　(2) 죄에 대한 심판(3:5-8)
　　　　(3) 다가올 변화(3:9-13)
　　　　(4) 기쁨의 노래(3:14-20)

4. 중심 메시지

일반적으로 이스라엘 백성들은 야웨의 날을 하나님께서 자기 백성에게 무한한 복과 구원을 주시고 원수들에게는 심판과 멸망을 주실 날로 이해하고 있었다. 야웨의 날에 대한 이러한 이해가 잘못된 것이라는 사실을 맨 처음 지적한 사람은 주전 750년경에 북왕국에서 활동했던 아모스였다. 아모스는 하나님께서 그의 백성을 심판하실 어두움의 날이 바로 야웨의 날이라고 선포한 바가 있었다(5:18-20). 스바냐는 야웨의 날에 관한 아모스의 이러한 메시지를 그대로 받아들였다.

그에 의하면, 야웨의 날은 주께서 분노하시는 날이요, 사람들이 환난과 고통을 겪는 날이었다. 또한 그 날은 캄캄하고 어두운 날이요, 전쟁의 함성이 터지는 날이었다(1:15-16). 한 마디로 말해서 야웨의 날은 하나님께서 범죄한 유다 나라를 심판하실 날이었다. 그렇다면 하나님께서 자기 백성에게 이처럼 분노하시고 그들을 질투의 불로 삼켜 멸절하시는 이유는 도대체 무엇인가? 그것은 유다와 예루살렘 거민들이 바알과 하늘의 일월성신, 말감 등의 각종 이방 신들을 섬기는가 하면, 야웨를 구하거나 찾기는커녕 야웨를 배반하고 그를 좇지 아니하였기 때문이다(1:4-6).

그러나 가장 큰 문제는 백성을 선도해야 할 지배 계층에게 있었다. 그들은 사자들이나 이리떼처럼 탐욕에 가득 차 있었으며, 누구보다도 앞장서서 이방 신을 섬겼다(1:8-9; 3:3-4). 뿐만 아니라 그들은 하나님께서 이방 나라들에게 행하신 엄중한 심판에서 도무지 교훈을 얻으려고 하지 않았다. 하나님께서 범죄한 나라들을 황폐하게 하여 더 이상 사람이 살 수 없는 곳으로 쓸어 버렸음에도 불구하고, 그들은 하나님을 두려워하기는커녕 새벽같이 일어나서 못된 짓만 골라가면서 행했던 것이다(3:6-7). 그 까닭에 스바냐는 이들 지배 계층이 몰려 사는 예루살렘을 일컬어 망하고야 말 도성이요, 반역하는 도성이라고 불렀다(3:1-2).

그럼에도 불구하고 스바냐는 유다 백성들에게 야웨를 찾으며 공의와 겸손을 구하라는 말을 하는 것을 잊지 않았다. 그들이 한 자리에 모여서 진실한 마음으로 회개하면, 혹시 야웨의 분노의 날에 숨김을 얻을 수 있을지도 모른다는 것이다(2:1-3). 그러나 이것은 희망 사항에 지나지 않는 것이었다. 왜냐하면 수치를 모르고 창피한 줄도 모르는(2:1) 그들이 회개하고서 하나님을 찾는다는 것은 도무지 기대할 수 없는 일이었기 때문이다. 그 까닭에 스바냐는 이제 야웨 하나님의 자비에서 유일한 희망을 찾을 수밖에 없었다. 그는 그 희망을 '남은 자'라는 개념 속에서 발견한다. 그에 의하면 하나님은 야웨의 날에 자기 백성을 완전히 멸하시지는 않는다. 그는 교만하여 자랑하는 모든 백성들을 제하시는 한편으로, 그의 보호를 받지 않을 수 없는 곤고하고 가난한 백성을 남겨두실 것인바, 그들은 야웨의 이름을 의지하는 가운데 하나님의 보호를 받을 것이다(3:11-12).

하나님의 이러한 구원은 야웨의 날이 유다 백성들을 벌하는 날임과 동시에, 하나님께서 땅 위에 있는 모든 생명들을 진멸하시는 우주적인 심판의 날이기도 하다는 사실을 통해서 재차 확인된다(1:2-3; 2:4-5). 스바냐는 특히 이스라엘 주변 나라들이 받을 벌에 대해서 이야기하고 있는데, 그가 열거하고 있는 나라들은 블레셋을 구성하는 네 개의 도시 국가들(가사, 아스글론, 아스돗, 에그론)과 그렛 족속, 모압, 암몬, 에티오피아(구스), 앗수르(특히 수도인 니느웨) 등이다. 이들은 과거에 하나님의 택한 백성을 여러 차례 괴롭힌 적이 있던 나라들인바, 이들이 하나님의 심판을 받는다는 것은 하나님이 세상 역사를 주관하시는 분임을 입증하는 사실이 아닐 수 없다.

Ⅱ. 야웨의 날(1:1-2:3)

1. 표제에 대한 해설(1:1)

(1절)　아몬의 아들 유다 왕 요시아의 시대에
　　　스바냐에게 임한 여호와의 말씀이라
　　　스바냐는 히스기야의 현손이요
　　　아마랴의 증손이요
　　　그다랴의 손자요 구시의 아들이었더라

표제에 해당하는 스바냐서의 첫 절은 세 가지의 중요한 사실에 대해서 언급하고 있다. 그 하나는 스바냐가 예언 활동을 하던 시대에 관한 것이다. 대부분의 예언서에 공통적으로 나타나는 이 요소는, 하나님의 말씀이 구체적인 역사 속으로 침투해 들어가는 것임을 강조하는 것에 다름 아니다. 스바냐서의 표제는 스바냐의 활동 연대를 남왕국 유다의 요시야 왕(주전 640-609년) 때로 밝히고 있다. 아몬(주전 642-640년)의 아들이었던 요시야 왕은 종교개혁을 실시한 것으로 유명했지만, 스바냐가 당시의 유다 나라를 통렬하게 비판하는 것으로 보아, 그의 예언 메시지들은 종교개혁이 본격화되기 전에 선포된 것으로 보인다. 그리고 부분적이기는 하지만 요시야 왕의 종교개혁에 상당한 영향을 주었을 것이다.

두 번째로 스바냐서의 첫 절은 스바냐에게 야웨의 말씀이 임했다는 사실을 강조한다. 이 점은 스바냐서의 첫 구절이 '드바르 야웨'(야웨의 말씀)로 시작된다는 사실을 통해 뒷받침된다. 호세아, 요엘, 요나, 미가, 학개, 스가랴, 말라기 등도 스바냐서와 똑같이 1절 표제의 서두에 '드바르 야웨'라는 표현을 가지고 있다. 요나와 말라기의 표제도 이와 비슷하지만, 이 두 책에서는 첫 번째 낱말 다음에 '드바르 야웨'가 나온다는 점에서 차이를 보인다. 아모스와 예레미야는 '디브레 아모스'('아모스의 말씀들') 또는 '디브레 이르므야후'('예레미야의 말씀들')이라는 표현을 쓰고 있지만, 그 뜻은 거의 비슷하다.

   이러한 표현들은 예언자들이 선포한 메시지들이 하나님께로부터 비롯된 것임을 뜻했다. 동시에 그것은 예언자들이 자신에게 임한 야웨의 말씀을 하나님의 백성에게 그대로 전해야 하는 책임을 지고 있었음을 뜻하기도 했다. 어떤 점에서 보면, 예언자들은 자신에게 있는 어떤 인간적인 조건(지위나 신분)에 근거하여 메시지를 마음대로 조작할 수도 있었다. 거짓 예언자들이 그러했다. 스바냐에게도 그럴 위험성이 충분히 있었다. 왜냐하면 스바냐는 왕족 출신 예언자로서, 그의 출신 성분 자체가 그가 선포하는 메시지에 큰 권위를 부여할 수 있었기 때문이다.

   그러나 스바냐는 결코 그렇게 하지 않았다. 그는 도리어 자신이 선포하는 메시지가 '야웨의 말씀'임을 분명하게 밝혔다. 여기서 한 가지 분명해지는 것은, 예언자가 아무리 고귀한 신분의 사람이라 할지라도, 예언 메시지의 권위는 결코 어떤 인간적인 조건에 의존하지 않는다는 점이다. 예언 메시지의 권위는 예언자가 어떠한 종류의 사람이든 관계없이 그를 자신의 사역에 부르시는 하나님께로부터 비롯된다. 따라서 스바냐가 왕족 출신 예언자라는 사실은 스바냐가 선포한 하나님의 말씀을 이해하는 데 있어서 그렇게 중요한 것이 못 된다. 경우에 따라서는 그것이 도리어 걸림돌이 될 뿐이다.

   세 번째로 스바냐서의 표제는 예언자 개인의 신상에 대해서 간략하게 언급한다. 그는 "히스기야의 현손이요, 아마랴의 증손이요, 그다랴의 손자요, 구시의 아들"이었다. 이것은 그가 순수한 유대인의 혈통을 가지고 있는 예언자요, 왕족 출신의 예언자임을 의미했다. 왕족 출신이었던 스바냐의 돌연한 출현은 당시 사람들에게 신선한 충격을 가져다주었을 것이다. 주전 8세기에 절정에 도달했던 예언 운동(아모스, 호세아, 이사야, 미가 등)이 침체기에 빠져 있을 때, 스바냐가 돌연히 나타나 새로운 예언 운동의 물꼬를 터 주었기 때문이다. 스바냐 직후에 예레미야, 나훔, 하박국, 에스겔, 오바댜 등의 예언자들이 연이어 나타났다는 사실이 그 점을 잘 보여 준다.

2. 하나님의 우주적인 심판(1:2-3)

(2절) 여호와께서 가라사대
내가 지면에서 모든 것을 진멸하리라
(3절) 내가 사람과 짐승을 진멸하고
공중의 새와 바다의 고기와
거치게 하는 것과 악인들을 아울러 진멸할 것이라
내가 사람을 지면에서 멸절하리라
나 여호와의 말이니라

야웨의 날에 관한 아모스의 개념을 그대로 받아들인 스바냐는, 유다 백성의 심판과 관련된 야웨의 날을 선포하기에 앞서, 그 날이 갖는 우주적인 심판의 의미를 강조할 필요를 느꼈다. 2절과 3절에 그 점이 잘 반영되어 있다(나훔 1:2-8 참조). 그 날이 되면 하나님은 땅 위에 있는 모든 것들을 말끔히 쓸어 없애실 것이다. 하나님의 심판은 사람이나 짐승을 가리지 않을 것이다. 공중의 새도 바다의 고기도 하나님의 심판을 피하지 못할 것이다. 사람들 중에는, 특히 남을 넘어뜨리는 자들(개역은 '거치게 하는 것'으로 번역함)과 악한 자들이 하나님의 심판을 받아 거꾸러뜨림을 당할 것이다.

여기서 우리는 한 가지 의문을 갖는다. 그것은 하나님께서 왜 악인을 심판하실 때 죄 없는 짐승들까지 벌하시는가 하는 점이다. 일반적으로 하나님의 심판은 그에게 범죄한 사람들만을 대상으로 한다. 그러나 많은 경우에 그의 심판은 다른 피조물들까지 포함한다. 여기에는 중요한 이유가 있다. 본래 하나님의 창조 세계인 자연과 인간은 서로에게 의존하는 운명 공동체로 만들어졌다. 최초의 인간이 선악과를 따먹고서 범죄했을 때 땅이 저주를 받은 것(창 3:17-18)이나, 노아 홍수 때에 사람들의 죄악이 자연에까지 영향을 미친다는 것(창 6:7, 11-12)이 그 점을 잘 보여 준다.

북왕국 이스라엘 백성의 죄악으로 인해, 땅이 탄식하고 들짐승과 하늘을 나는 새들도 다 야위며, 바다 속의 물고기들도 씨가 마를 것이라는 호세아의 메시지도 같은 맥락에 속한다. 하나님의 진노와 심판 앞에서 대자연의 황폐가 뒤따를 것임을 노래하는 나훔서 1장 4-6절이나 예레미야 4장 23-28절 역시 마찬가지이다. 바울 사도는 로마서에서 인간과 자연의 공동 운명을 다음과 같이 묘사하고 있다:

> 피조물의 고대하는 바는 하나님의 아들들의 나타나는 것이니… 그 바라는 것은 피조물도 썩어짐의 종노릇 한 데서 해방되어 하나님의 자녀들의 영광의 자유에 이르는 것이니라. 피조물이 다 이제까지 함께 탄식하며 함께 고통하는 것을 우리가 아나니(롬 8:19-22)

이처럼 사람과 자연이 공동 운명체로서 하나님의 심판을 같이 받는다는 성경의 가르침은, 우주 만물을 통치하시는 하나님의 창조 주권을 강조하는 것에 다름 아니다. 그러나 우리가 분명히 알아야 할 것은, 비록 사람을 제외한 다른 피조물들이 하나님의 심판을 받는다 해도, 그것은 어디까지나 악을 행하는 사람들의 죄 때문이라는 점이다. 달리 말해서 자연을 향한 하나님의 심판은 대상을 가리지 않지만, 사람을 향한 하나님의 심판은 악을 행하는 자들에게 국한된다는 말이다. 3절 하반절에 있는 '남을 넘어뜨리는 자들과 악한 자들'이 바로 그러한 자들이다. 사실 1장 4절 이하의 메시지들은 악한 자들이 누구며, 그들의 악행이 어떠한가를 설명하는 것이라 할 수 있다. 이 점에서 본다면 스바냐가 선언한 하나님의 우주적인 심판은 스바냐가 전한 메시지의 대전제에 해당하는 셈이다.

이와 아울러 한 가지 주목할 것은, 2절과 3절의 말미에 반복되는 '느움 야웨'라는 표현이다. 스바냐서 전체에서 1장 2절과 3절, 10절 및 2장 9절과 3장 8절에만 나오는 '느움 야웨'는 '야웨의 선포(또는 결정; declaration, decision)'라는 뜻을 가진 것으로, 1절에 있는 '드바르 야웨'라는 표현과 마찬가지로 스바냐의 예언 메시지가 하나님께로부터 비롯되었음을 강조하는 목적을 갖는다. 개역성경은 이 구절을 2절 서두에서 "여호와께서 가라사대"(개역 개정판은 "여호와께서 이르시되")로 번역하고 있고, 3절 말미에서는 "나 여호와의 말이니라"로 번역하고 있으나(개역 개정판도 동일), 일관성이 결여되어 있다. 히브리어 원문에 충실하려면, 2절에서도 3절과 마찬가지로 그 마지막 부분에 "나 여호와의 말이니라"는 표현을 넣어야 할 것이다.

3. 유다 백성들에 대한 심판(1:4-6)

(4절)   내가 유다와 예루살렘 모든 거민 위에 손을 펴서
        바알의 남아 있는 것을 그곳에서 멸절하며
        그마림이란 이름과 및 그 제사장들을 아울러 멸절하며
(5절)   무릇 지붕에서 하늘의 일월성신에게 경배하는 자와
        경배하며 여호와께 맹세하면서 말감을 가리켜 맹세하는 자와
(6절)   여호와를 배반하고 좇지 아니한 자와
        여호와를 찾지도 아니하며 구하지도 아니한 자를 멸절하리라

스바냐는 야웨의 날이 갖는 우주적인(universal) 심판의 의미를 밝힌 다음에, 범위를 좁혀서 남왕국 유다와 예루살렘의 범죄한 사람들에게 임할 특별한(particular) 하나님의 심판에 대해서 언급한다. 하나님께서 유다 나라와 예루살렘의 모든 거민을 치시는 이유는 간단했다. 그것은 주로 종교적이고 신앙적인 문제였다. 스바냐는 그것을 크게 세 가지로 나누어 설명한다. 물론 이 세 가지는 스바냐가 예언자로 부름받기 전인 므낫세와 아몬의 시대에 이미 널리 유행하던 것이었다. 또한 그것은 스바냐가 어려서부터 계속해서 보아 왔던 것이기도 했다.

첫 번째의 것은 유다 나라 안에 만연해 있는 이른바 우상 숭배 문제였다. 스바냐의 지적에 의하면, 유다 백성들은 하나님을 버리고 바알을 비롯한 잡다한 이방 신들을 숭배했다. 우상 숭배자들을 위해 이방 신의 제사장으로 전업할 정도로 극성스런 제사장들도 있었다. 우상 숭배자들이 얼마나 많았으면, 더 많은 소득을 올리기 위해 이방 신의 제사장으로 자리를 옮겼겠는가! 그들은 어리석게도 이방 신의 제사장에게 붙이는 칭호인 '그마림'을 매우 자랑스럽게 생각했을 것이다(호 10:5와 왕하 23:15의 '제사장'은 히브리어로 '그마림'임).

당시에 그들이 섬기던 이방 신에는 가나안의 바알뿐만 아니라 앗수르 사람들이 섬기던 하늘의 만군(萬軍; 히브리어로 '차바'), 곧 해와 달과 뭇 별들이 있었다(왕하 21:3, 5; 23:5, 11; 렘 8:2 등). 그들은 하늘과 가깝다고 여겨진 지붕 위에서 하늘의 일월성신에게 분향하고 제사를 드리곤 했다(렘 19:13; 32:29; 왕하 23:12). 암몬 사람들이 섬기던 '말감'(밀곰 또는 몰렉; 왕상 11:5-7; 왕하 23:13 등)도 그들이 섬기던 이방 신들 중의 하나였다. 유다 백성이 이처럼 여러 나라의 신들을 섬겼다는 것은, 유다 나라가 당시에 그 나라들과 깊은 관계(종속 관계 포함)를 맺고 있었음을 뜻했다.

하나님께서 유다 백성들을 벌할 두 번째 이유는 그들 사이에 있는 이른바 혼합종교 현상이었다. 당시에 그들 중에는 하나님을 버리고 완전히 우상 숭배에 빠져 버린 사람들만 있었던 것이 아니었다. 그들 중에는 하나님과 이방 신을 동시에 섬기거나 하나님을 이방 신과 동일시하는 사람들이 적지 않게 있었다. 하나님께 경배하고 또 그에게 맹세하면서도 암몬 족속의 신인 말감을 가리켜 맹세하는 자들이 그러했다(5절). 그들에게는 어느 신을 섬겨도 문제될 것이 없었다(신 6:4; 사 45:6 참조).

유다 백성의 세 번째 문제는 그들 중의 대다수가 야웨 하나님께 대한 철저한 무관심에 빠져 있었다는 점이다. 그들은 하나님을 등지고 돌아섰을 뿐만 아니라, 야웨 하나님을 찾지도 않고 또 그에게 구하지도 않았다. 이러한 무관심은 주로 그들의 우상 숭배 행위에서 비롯된 것이었지만, 다른 한편으로는 야웨 하나님의 역사 주권에 대한 불신앙에서 비롯된 것이기도 했다. 그들은 야웨 하나님을 섬기고 또 그에게 구한다는 것이 무의미하다고 생각했다. 도리어 주변 나라의 신들을 섬기는 것이 더 효과적이라고 믿었다. 풍족한 삶을 누리기 위해서는 야웨 하나님보다는 이방 신을 섬기는 것이 더 낫다고 믿었던 것이다(신 4:29; 암 5:4-6 참조).

하나님은 이상의 것들을 도무지 참지 못하셨다. 유다 백성의 죄악은 십계명의 제1계명과 제2계명을 완전히 어긴 것이었다. 그래서 그는 바알의 남아 있는 것, 곧 바알 신상과 바알 신전 및 바알 숭배와 관련된 모든 흔적들을 깨끗이 없애겠다고 말씀하신다. 더 나아가서 하나님은 이방 종교의 제사장들과 그들의 직분을 칭하는 '그마림'이라는 이름을 완전히 멸하겠다고 말씀하신다(4절). 이것은 그들을 부정한 제사장직에서 쫓아내겠다는 것을 뜻했다. 또한 하나님은 혼합종교에 빠져 있는 자들이나 하나님을 도무지 찾지 않는 자들까지 전부 없애 버리겠다고 말씀하신다.

4. 심판의 날(1:7-13)

(7절) 주 여호와 앞에서 잠잠할찌어다
　　　이는 여호와의 날이 가까웠으므로
　　　여호와가 희생을 준비하고
　　　그 청할 자를 구별하였음이니라
(8절) 여호와의 희생의 날에
　　　내가 방백들과 왕자들과
　　　이방의 의복을 입은 자들을 벌할 것이며
(9절) 그 날에 문턱을 뛰어 넘어서
　　　강포와 궤휼로 자기 주인의 집에 채운 자들을 내가 벌하리라
(10절) 나 여호와가 말하노라
　　　그 날에 어문에서는 곡성이,
　　　제 이 구역에서는 부르짖는 소리가,
　　　작은 산들에서는 무너지는 소리가 일어나리라
(11절) 막데스 거민들아 너희는 애곡하라

```
            가나안 백성이 다 패망하고
            은을 수운하는 자가 끊어졌음이니라
   (12절)  그 때에 내가 등불로 예루살렘에 두루 찾아
            무릇 찌끼 같이 가라앉아서 심중에 스스로 이르기를
            여호와께서는 복도 내리지 아니하시며
            화도 내리지 아니하시리라 하는 자를 벌하리니
   (13절)  그들의 재물이 노략되며
            그들의 집이 황무할 것이라
            그들이 집을 건축하나 거기 거하지 못하며
            포도원을 심으나 그 포도주를 마시지 못하리라
```

스바냐가 전하는 메시지의 핵심인 '야웨의 날'('욤 야웨')은 7절에서 처음으로 나타난다. 그는 범죄한 유다 백성들에게 '야웨의 날이 가까이 왔다'('카롭 욤 야웨')고 선포하였다. 야웨의 날이 심판의 날임을 맨 처음 선포한 사람이 아모스라면(암 5:18-20), 야웨의 날이 가까이 왔음을 맨 처음 선포한 사람은 이사야였다(사 13:6):

> 화 있을찐저 여호와의 날을 사모하는 자여 너희가 어찌하여 여호와의 날을 사모하느뇨 그 날은 어두움이요 빛이 아니라 마치 사람이 사자를 피하다가 곰을 만나거나 혹 집에 들어가서 손을 벽에 대었다가 뱀에게 물림 같도다 여호와의 날이 어찌 어두워서 빛이 없음이 아니며 캄캄하여 빛남이 없음이 아니냐(암 5:18-20)
>
> 너희는 애곡할찌어다 여호와의 날이 가까웠으니 전능자에게서 멸망이 임할 것임이로다(사 13:6)

스바냐는 야웨의 날에 관한 이 두 가지 전승을 결합시켜 자신의 메시지에 그대로 활용한 것으로 보인다. 스바냐 이후로는 오바댜(15절), 에

스겔(7:7, 10, 12; 30:3), 요엘(1:15; 2:1-2, 11) 등이 심판의 날로서의 야웨의 날에 대해서 선포하였다.

심판의 날이 될 야웨의 날에 관하여 스바냐는 세 가지의 중요한 사실들을 선포한다. 첫 번째 사실은 하나님께서 그 날에 우상 숭배자들을 마치 절기 때에 바쳐질 희생 제물처럼 잡아죽이시리라는 것이었다(7-9절). 두 번째 사실은 희생 제물이 될 사람들이 사는 예루살렘에 큰 통곡이 있으리라는 것이었다(10-11절). 그리고 마지막 세 번째로는 하나님께서 예루살렘을 샅샅이 뒤져서 악을 행하는 자들을 다 찾아내시고 다시는 그들이 예루살렘에 거하지 못하게 하시리라는 것이었다(12-13절).

먼저 첫 번째 부분을 살피기로 하자. 스바냐는 맨 먼저 사람들에게 주 야웨 앞에서 잠잠할 것을 명한다(7절 상반절). 여기서 '잠잠하라!'는 낱말은 히브리어로 '하스'인데, 흔히 하나님 앞에서 침묵을 지킬 것을 명하는 데 쓰인다(삿 3:19; 느 8:11; 암 6:10; 8:3; 합 2:20; 슥 2:13). 유다 백성이 잠잠해야 할 이유는 그들을 심판할 야웨의 날이 가까이 왔기 때문이었다. 하나님께서는 유다 나라를 마치 제사에 바쳐질 제물처럼 잡아 놓으셨다. 그리고서는 일반 제사에서처럼(삼상 9:13, 22; 삼하 6:19; 15:11; 왕상 1:9) 제물 먹을 사람들, 곧 이방 나라들(바벨론 제국과 주변의 동맹국들)을 부르셔서 그들을 거룩하게 하셨다('히크띠쉬'; 개역은 '구별하다'로 번역함).

스바냐는 8절에서 다시금 유다 나라가 희생 제물처럼 멸절당할 것임을 강조하였다. 이것은 그가 7절의 메시지를 야웨의 날 개념과 결합시켜 '야웨의 희생의 날'('욤 제바흐 야웨')이라는 어구로 표현하고 있다는 사실을 통해서 확인된다. 9절에 있는 '그 날에'('바욤 하후')도 같은 뜻을 가지고 있다. 스바냐는 이 두 절(8-9절)에서 야웨의 날에 희생 제물로 바쳐질 사람들을 세 종류로 나누어 설명하는데, 그들은 주로 왕족을 비롯한 지배 계층으로서 대부분이 예루살렘에 살고 있었다.

하나님께 희생 제물이 될 첫 번째 대상은 방백(대신)들과 왕자들 및 이방의 옷을 입은 자들이었다. 여기서 말하는 이방의 옷은 이방 신을 숭배할 때 입는 옷을 뜻했다(겔 23:6, 12 참조). 방백들과 왕자들이 이방의 옷을 입은 자들과 함께 언급되고 있다는 것은, 그들이 이방 종교의 풍습에 깊이 빠져들고 있었음을 분명하게 말해 준다. 특히 당시에 유다 나라가 앗수르의 지배를 받고 있었던 점을 고려한다면, 유다 나라의 지도자들이 얼마나 철저하게 앗수르의 봉신(vassal) 노릇을 하고 있었는가를 잘 알 수 있다.

두 번째 부류의 사람들은 문지방(문턱)을 건너뛰는 자들이었다. 당시에 이방 사람들은 문지방에 악한 신들이 깃들어 있다고 믿고 있었다. 그 까닭에 그들은 만일에 문지방을 건너뛰지 않고 그냥 밟고 지날 경우, 틀림없이 거기에 깃들어 있는 악한 신들에게 벌을 받을 것이라고 생각했다. 블레셋 사람들이 다곤 신전의 문지방을 밟지 않은 것도 같은 맥락에서 이해할 수 있을 것이다: "그러므로 다곤의 제사장들이나 다곤의 당에 들어가는 자는 오늘까지 아스돗에 있는 다곤의 문지방을 밟지 아니하더라"(삼상 5:5). 그런데 불행하게도 유다 백성은 이처럼 미신적인 이방 풍습에 깊이 빠져 있었다.

마지막으로 하나님께 희생 제물이 될 사람들은 폭력(강포)과 속임수(궤휼)를 써서 남을 괴롭히는 자들이었다. 그들은 좀처럼 자기 자신이 가진 것으로 이방 신에게 제물을 바치지 않았다. 도리어 그들은 힘없고 약한 자들에게서 빼앗은 것들을 자기 주인의 집, 곧 신들의 집(神殿)에 가득 채우곤 했다(왕하 21:16 참조). 남에게서 탈취한 것을 하나님께

제물로 드리는 것도 나쁜데, 그것을 이방 신에게 바치는 것은 더 나쁜 행위였다. 우상을 숭배하되, 하나님의 공의를 짓밟는 방법을 사용했다는 점에서 그들은 이중적인 죄악을 범한 셈이었다.

스바냐는 이처럼 그릇된 우상 숭배에 빠진 왕족들과 귀족들이 하나님께 벌을 받을 것임을 밝힌 다음에(7-9절), 그들의 주된 거주지인 예루살렘에서 있을 큰 통곡에 대해서 묘사한다(10-11절). 그 날에 어문(魚門; fish gate)에서는 곡성이 날 것이다. 생선문(生鮮門; 느 3:3; 12:39; 대하 33:14)이라고도 알려진 어문은 두로나 시돈 지역의 어부들이 지중해에서 잡은 물고기들을 가지고 들어와 장사하던 일종의 상업 중심지로서(느 13:16 참조), 예루살렘의 북쪽에 있는 주요 출입문이었다. 어문에서 곡성이 날 것이라는 예언은 따라서 예루살렘에 대한 공격이 북쪽에서부터 올 것임을 뜻했다.

그리고 예루살렘의 본성(本城)에 덧붙여서 지어진 제2구역(왕하 22:14; 대하 34:22)에서도 울부짖는 소리가 들릴 것이다. 뿐만 아니라 산(언덕) 위의 마을에서는 무너지는 소리가 날 것이다. 그 마을은 아마도 예루살렘 북쪽에 있는 마을을 지칭할 것이다. 반면에 막데스는 상인들이 거주하는 예루살렘의 남쪽 지경을 뜻하는 말인 듯하다. 따라서 스가랴는 예루살렘이 북쪽에서 남쪽에 이르기까지 완전히 멸망할 것이라고 예언한 셈이었다. 막데스 거민들이 울어야 하는 이유는, 가나안 사람들(장사하는 사람들)이 다 망하고 은을 수운(輸運)하는 사람들이 다 끊어졌기 때문이었다(11절). 가나안 사람들이라는 용어는 흔히 장사하는 사람들(상인들)을 지칭하는 데 사용되었다(호 12:7; 사 23:8; 겔 16:29; 17:4; 슥 14:21 등).

마지막으로 스바냐는 야웨의 날에 예루살렘이 받을 철저한 심판에 대해서 언급한다(12-13절). 그에 의하면, 하나님께서는 등불을 켜들고서 예루살렘의 마지막 은신처까지 샅샅이 뒤지실 것이다(렘 5:1; 창 18:22-33 참조). 어느 누구도 하나님의 눈길을 피하지는 못한다(암 9:2-3; 시 139:7-12 참조). 여기서 등불은 예루살렘의 암흑 같은 죄악상을 상징적으로 보여 주는 표현이다. 당시에 예루살렘에는 "야웨께서는 복도 내리지 아니하시며 화도 내리지 아니하신다"고 말하는 술찌꺼기 같은 사람들이 사방에서 날뛰고 있었다(12절). 이들이 벌을 받는 이유는 다른 데에 있지 않았다. 그들은 하나님이 이 세상일에 전혀 관여하지 않는다고 생각하는 무감각한 신앙 내지는 신앙적인 회의주의에 빠져 있었던 것이다. 그것은 곧 하나님의 통치 주권을 부정하는 것이나 다름이 없었다.

또한 그들은 자기 민족의 일상적인 삶이 대혼란에 빠져들고 있는 것을 뻔히 알면서도, 그것을 막기 위한 노력을 전혀 하지 않고 있는 까닭에 비난을 받아 마땅했다. 그들은 세상을 변화시키는 것이 불가능하다고 확신했기 때문에, 세상을 되어 가는 대로 그냥 두고자 했다. 악에 적극적으로 가담하고 있지 않으면서도, 악에 대해 철저하게 무감각하고 무관심한 사람들이었다. 하나님께서 주로 찾으실 대상은 바로 이들이었다. 그들은 하나님의 저주를 받아 마땅했다. 이제 그들은 재산을 빼앗기고 집도 헐릴 것이다. 집을 지으나 거기에서 살지 못할 것이며 포도원을 가꾸나 포도주를 마시지 못할 것이다. 재물이 약탈당할 것이며 그들의 집이 파괴될 것이다. 풍요로운 삶에 대한 그들의 꿈이 산산조각 날 것이다. 스바냐가 선포한 이러한 저주의 내용은 시내산 계약에 포함되어 있는 저주 규정(신 28:30-39 참조)에 근거한 것이었다.

5. 주께서 분노하시는 날(1:14-18)

(14절) 여호와의 큰 날이 가깝도다
　　　　가깝고도 심히 빠르도다
　　　　여호와의 날의 소리로다
　　　　용사가 거기서 심히 애곡하는도다
(15절) 그 날은 분노의 날이요
　　　　환난과 고통의 날이요
　　　　황무와 패괴의 날이요
　　　　캄캄하고 어두운 날이요
　　　　구름과 흑암의 날이요
(16절) 나팔을 불어 경고하며
　　　　견고한 성읍을 치며
　　　　높은 망대를 치는 날이로다
(17절) 내가 사람들에게 고난을 내려 소경 같이 행하게 하리니
　　　　이는 그들이 나 여호와께 범죄하였음이라
　　　　또 그들의 피는 흘리워서 티끌 같이 되며
　　　　그들의 살은 분토같이 될찌라
(18절) 그들의 은과 금이 여호와의 분노의 날에
　　　　능히 그들을 건지지 못할 것이며
　　　　이 온 땅이 여호와의 질투의 불에 삼키우리니
　　　　이는 여호와가 이 땅 모든 거민을 멸절하되
　　　　놀랍게 멸절할 것임이니라

이제까지 심판의 이유나 심판의 대상에 대해서 묘사한 스바냐는, 14절 이하에서 야웨의 날 자체가 사람들에게 주는 두려움에 대해서 묘사한다. 먼저 그는 매우 다급한 목소리로 "야웨의 큰 날이 가깝도다! 가깝고도 심히 빠르도다!"고 말한다(14절 상반절). 스바냐의 이 표현은 야웨의 날이 가까이 오고 있음을 선포한 7절 상반절의 메시지를 더욱 강

화한 것이다. 이 점은 두 구절을 비교할 경우에 분명하게 드러난다. 스바냐는 14절 상반절에서 7절 상반절에 있는 '야웨의 날'('욤 야웨')을 '야웨의 큰 날'('욤 야웨 하가돌')로, 그리고 '가까이 왔다'('카롭')는 표현을 두 번씩이나 반복하면서 '매우 빠르다'는 구절을 첨가하였던 것이다.

더 나아가서 그는 야웨의 날이 매우 빠르게 다가오는 것을 청각적인 현상으로 표현한다. 야웨의 날의 소리가 비통하게 들릴 것이며(개역이나 개역 개정판은 '비통함'을 뜻하는 '마르'라는 낱말을 번역하지 않고 있음), 용사가 기운을 잃고 부르짖을 것이다. 여기서 말하는 소리(히브리어로 '콜'; sound)는 유다 백성을 상대로 전쟁을 벌이시는 하나님의 전쟁의 외침이라고 할 수 있다(사 42:13; 렘 25:30-31; 암 1:2; 욜 3:16 등을 참조). 하나님의 이 두려운 외침에는 싸움에 능한 용사들마저도 기운을 잃은 채로 심히 애곡하게 될 것이다. 그들의 용맹과 힘도 소용이 없다. 하나님의 심판 앞에서는 모든 것이 무기력할 뿐이다.

스바냐는 전쟁을 벌이시는 하나님의 모습을 그의 분노와 관련시킨다. 야웨의 날을 주께서 분노하시는 날로 묘사하는 15-16절이 그러하다. 그는 이 두 절에서 '날'('욤')이라는 낱말을 여섯 차례씩이나 반복함으로써, 야웨의 날에 있을 하나님의 전쟁이 자기 백성에 대한 극한 분노에서 비롯된 것임을 강조한다. 그에 의하면 야웨의 날은 환난과 고통을 겪는 날이요, 무너지고(황무) 부서지는(패괴) 날이요, 캄캄하고 어두운 날이요, 먹구름과 어둠이 뒤덮이는 날이다(15절).

여기서 캄캄하고 어둡다거나 먹구름과 어둠이 뒤덮인다는 표현은 흔히 하나님의 현현(theophany)을 묘사하는 데 사용되는 것으로, 시내산 계약의 문맥에서 자주 발견된다(출 19:16; 20:21; 신 4:11). 당시에 하나님은 모든 이스라엘 백성이 두려워할 모습으로 나타나셔서 그들과 화평과 친교의 언약을 맺으셨다. 그러나 이제는 상황이 달라질 것이다. 하나님께서 두려움 중에 임하시는 것은 그들에게 구원을 베풀거나 혹은 그들과 언약을 맺기 위해서가 아니라, 그들을 심판하고 또 그들에게 자신의 분노를 퍼붓기 위해서이기 때문이다. 따라서 당연히 야웨의 날은 환난과 고통을 겪는 날이요, 모든 것이 무너지고 부서지는 날일 수밖에 없는 것이다.

스바냐는 하나님의 현현에 관한 이러한 묘사를 전쟁에 관한 묘사와 결합시켜 표현하고 있다. 16절이 그 점을 잘 보여 준다. 그에 의하면 야웨의 날은 나팔이 울리는 날이요, 전쟁의 함성이 터지는 날이요, 견고한 성읍이 무너지는 날이요, 높이 솟은 망대가 무너지는 날이다(16절). 이것은 14절에서 보았듯이 하나님께서 범죄한 유다 백성을 대상으로 전쟁을 벌일 것임을 뜻한다. 일단 하나님께서 전쟁을 벌이시면, 그 앞에서는 어떠한 것도 온전히 남아나지 못한다. 그것이 아무리 튼튼한 요새라 할지라도, 또 그것이 아무리 높은 망대라 할지라도 소용이 없을 것이다.

하나님께서 벌이시는 전쟁은 유다 백성 개개인에게도 미칠 것이다(17-18절). 전쟁의 날에 하나님은 범죄한 모든 사람들에게 고난을 내려 그들로 하여금 눈먼 사람처럼 더듬거리게 하시고(신 28:28-29 참조), 그들의 피가 물처럼 흐르게 하실 것이며, 그들의 시체가 오물처럼 널리게 하실 것이다. 사람들이 평소에 자신을 지키기 위해 사용하던 것들이 이제는 아무 쓸모 없게 될 것이다. 보통 때라면 은이나 금과 같은 값비싼 보물이 능히 사람들을 보호해 줄 수 있겠지만(왕하 15:19-20; 16:7-9; 18:13-16 등), 야웨의 날에는 그렇지 못할 것이다. 금은보화가 아무리 많다 할지라도 그것들이 그들을 구원하지는 못할 것이다.

그러나 하나님의 진노는 유다 백성들에게 퍼부어지는 것(particular)으로 끝나지 않는다. 하나님을 배제한 채로 세상을 살아가려는 온갖 시도는 사람들이 사는 삶의 터전까지도 파괴하는 결과를 가져올 것이기 때문이다(universal). 18절 하반절이 그 점을 확인시켜 준다. 야웨께서 분노하시는 그 날이 되면, 그의 불같은 질투가 온 땅('에레츠')을 활활 태울 것이며, 땅에 사는 사람들까지도 순식간에 없앨 것이다. 땅과 사람이 똑같이 멸망당할 것이라는 말이다. 18절 하반절의 이러한 메시지는 자연계와 인간 세상이 동일하게 하나님의 심판을 받을 것임을 선언하는 1장 2-3절과 맥을 같이 한다.

6. 회개의 촉구(2:1-3)

(1절) 수치를 모르는 백성아
모일찌어다 모일찌어다
(2절) 명령이 시행되기 전,
광음이 겨 같이 날아 지나가기 전,
여호와의 진노가 너희에게 임하기 전,
여호와의 분노의 날이
너희에게 이르기 전에 그리할찌어다
(3절) 여호와의 규례를 지키는
세상의 모든 겸손한 자들아
너희는 여호와를 찾으며
공의와 겸손을 구하라
너희가 혹시 여호와의 분노의 날에
숨김을 얻으리라

스바냐는 이상에서 보듯이 무서운 하나님의 형벌을 선포하면서도, 그

형벌에서 살아남을 사람이 있을는지도 모른다고 생각했다. 그래서 그는 유다 백성들에게 한 자리에 모여서 진실한 마음으로 회개할 것을 촉구했다(2:1-3). 언뜻 보기에 이러한 회개 촉구의 메시지는 야웨의 날에 관한 메시지가 아닌 것처럼 보인다. 그러나 '야웨의 진노의 날'이라는 표현이 두 번이나 나타나는 것을 보면, 이 구절들도 야웨의 날과 관련된 메시지임이 분명하다.

먼저 그는 하나님의 심판에 대하여 선고하던 때와는 사뭇 다른 방식으로 유다 백성에게 호소한다. 1장 7절이 "잠잠하라!"는 명령으로 시작하고 있다면, 2장 1절은 "모일찌어다! 모일찌어다!"는 이중적인 명령으로 시작한다. 그가 모이라는 명령을 두 번이나 반복한 까닭은, 하나님의 심판(야웨의 날)이 가까워 오고 있는데도 유다 백성은 여전히 자신들의 죄악에 대한 감각을 잃은 채로 평안한 나날을 지내고 있었기 때문이다. 그들은 예레미야 시대의 사람들이 "나의 행한 것이 무엇인고?"하면서 도무지 자기들의 죄악을 뉘우치지 않으려 한 것과 똑같이(렘 8:6 참조) 뻔뻔스럽고 수치를 모르는 백성들이었다.

스바냐가 강조하는 상황의 급박성은 2절에까지 이어진다. '브테렘'('…전에')이라는 표현이 그 점을 잘 보여 준다. 스바냐는 2절에서만 '브테렘'을 세 번씩이나 되풀이하고 있다. 날아가는 겨처럼 그들이 순식간에 멀리 날려가 버리기 전에(개역이나 개역개정판은 번역이 애매함), 하나님의 진노가 그들에게 임하기 전에, 야웨의 진노의 날이 그들에게 이르기 전에 모여서 회개하라고 촉구한다. 그는 이제까지 유다 백성들이 자기들끼리 먹고 마시고 즐기던 모임을 회개와 슬픔과 애통의 모임으로 바꾸고자 한다. 모여서 무얼 하라는 것인가? 그것은 3절에 잘 나타난다. 야웨를 찾으며 그의 규례('미슈파트'; justice)를 행하고, 공의

('체데크'; righteousness)와 겸손을 구하라는 것이었다. 한 마디로 말해서 하나님을 등진 채로 우상 숭배에 빠진 옛 길을 버리고, 그의 규례에 순종하는 의로운 삶을 회복하라는 것이었다.

그러면서도 그는 그들에게 하나님의 은혜와 구원을 보증하는 말을 하지는 않는다. 회개한다고 해서 반드시 용서받는다는 보증이 없기 때문이다. 그는 단지 '아마도'('울라이')라는 말만 했을 뿐이었다. 아모스도 이스라엘 백성을 향하여 비슷한 메시지를 전한다:

> 너희는 악을 미워하고 선을 사랑하며 성문에서 공의를 세울찌어다 만군의 하나님 여호와께서 혹시 요셉의 남은 자를 긍휼히 여기시리라(암 5:15; 참조, 욘 1:6; 3:9)

스바냐가 말하는 '아마도'는 심판과 마찬가지로 죄에 대한 용서도 전적으로 하나님의 뜻에 매여 있음을 보여 주는 것이지만, 동시에 그만큼 유다 백성이 하나님께로부터 멀리 떨어져 있음을 뜻하기도 했다. 그것은 결국 유다 백성에게 변화될 가능성이 전혀 없음을 상기시키는 것이나 다름이 없었다.

굳이 희망이 있다면, 그것은 소수의 사람만이 그 날의 무서운 일들을 피할 수 있다는 데에 있었다. "야웨의 규례를 지키는 이 땅의 모든 겸손한 자들아!"라는 외침이 그 점을 뒷받침한다. 그는 그들에게 야웨를 찾으며 공의와 겸손을 구하라고 말했다. 그래야만 야웨의 분노의 날에 숨김을 얻을 수 있다는 것이었다. 그러나 그는 결코 단정적으로 얘기하지 않았다. 회개의 가능성도 없었을 뿐더러, 설령 회개한다 해도 용서에 대한 주권은 전적으로 하나님께 달려 있기 때문이었다. 그것은 결국 의로움이나 겸손함조차도 절대적인 안전을 보증해 주지 못한다는 것을 의미했다. 참으로 모든 것이 하나님의 손 안에 있었던 것이다.

III. 주변 나라들에 임할 심판(2:4-15)

스바냐서의 둘째 부분인 2:4-15는 이방 나라들에 대한 심판의 메시지를 담고 있다. 이 메시지는 호세아를 제외한 주전 8-7세기의 모든 예언자들에게 공통된 것으로(암 1:3-2:3; 사 13-23장; 미 5:5-15; 렘 46-51장; 나훔서 전체; 합 2:6-20 등), 형식상으로는 이스라엘에 대한 심판 신탁과 유사하지만, 내용상으로는 이스라엘에 대한 구원 신탁이라 할 수 있다. 왜냐하면 스바냐가 언급하는 주변 나라들은 과거에 하나님의 택한 백성을 여러 차례 괴롭힌 적이 있었던 나라들이기 때문이다. 블레셋은 서편에서, 모압과 암몬은 동편에서, 구스는 남편에서, 그리고 앗수르는 북편에서 각각 이스라엘을 침략한 일이 있었던 것이다.

그런데 스바냐의 이방 나라 심판 메시지는 그것이 야웨의 날과 관련되어 있다는 점에서 중요한 의미를 갖는다. 그러니까 스바냐에 의하면 야웨의 날은 하나님께서 자기 백성을 심판하시는 날일 뿐만 아니라, 이방 나라들을 심판하시는 날이기도 하다는 것이다. 야웨의 날이 갖는 이러한 양면성은 다른 예언자들에게서도 종종 나타난다. 이를테면 야웨의 날은 하나님께서 바벨론(사 13:6-22)이나 에돔(사 34:8; 63:4; 옵 1:15), 이집트와 그 동맹국들(렘 46:10; 겔 30:3-5), 블레셋(렘 47:4) 등을 심판하시는 날이기도 하다는 것이다. 이 점을 염두에 두면서, 스바냐가 선포한 심판 메시지를 차례대로 살펴보기로 하자. 편의상 블레셋, 모압과 암몬, 구스와 앗수르 등의 셋으로 나누어 설명하기로 한다.

1. 블레셋에 임할 심판(2:4-7)

(4절) 가사가 버리우며 아스글론이 황폐되며
       아스돗이 백주에 쫓겨나며 에그론이 뽑히우리라
(5절) 해변 거민 그렛 족속에게 화 있을찐저
       블레셋 사람의 땅 가나안아
       여호와의 말이 너희를 치나니
       내가 너를 멸하여 거민이 없게 하리라
(6절) 해변은 초장이 되어
       목자의 움과 양떼의 우리가 거기 있을 것이며
(7절) 그 지경은 유다 족속의 남은 자에게로 돌아갈찌라
       그들이 거기서 양떼를 먹이고
       저녁에는 아스글론 집들에 누우리니
       이는 그들의 하나님 여호와가 그들을 권고하여
       그 사로잡힘을 돌이킬 것임이니라

블레셋에 대한 심판 신탁은 블레셋을 구성하는 네 개의 도시 국가들(가사, 아스글론, 아스돗, 에그론)과 그렛 족속을 겨냥하고 있다. 블레셋 족속은 본래 소아시아 지방과 갑돌섬(Caphtor; 또는 크레타섬, Crete)을 포함한 지중해의 여러 섬들에서 팔레스타인 남부 해안 지역으로 이주해온 자들이었던 까닭에(렘 47:4; 암 9:7 참조), 자주 그렛 족속(Cherethites)이라고 불리었다(삼상 30:14; 삼하 8:18; 20:23; 겔 25:16). 그들은 또한 지중해 연안에 정착한 후에 가사(Gaza), 아스글론(Ashkelon), 가드(Gath), 아스돗(Ashdod), 에그론(Ekron) 등의 다섯 개의 도시 국가들을 중심으로 나라를 구성하였던 까닭에(삼상 6:17; 수 13:3), 다섯 도시 연맹체(pentapolis)라고 불리기도 했다.

그런데 스바냐의 심판 메시지에는 이들 다섯 도시들 가운데 가드가

생략되어 있다. 그 까닭은 가드가 이미 오래 전에 남왕국의 웃시야 왕 (주전 783-742년)에 의해 정복당했기 때문이었다(대하 26:6). 아모스의 블레셋 심판 메시지에서 가드에 대한 언급이 나타나지 않는 것도 마찬가지 이유에서이다(암 1:6-8). 그렇다면 블레셋이 하나님의 심판을 받아야 하는 이유는 무엇인가? 스바냐는 이에 대해서 아무런 언급도 하지 않고 있다. 아모스의 심판 메시지에 의한다면, 블레셋은 하나님의 백성을 사로잡아 에돔 족속에게 팔아 넘긴 전력이 있었다:

> 여호와께서 가라사대 가사의 서너 가지 죄로 인하여 내가 그 벌을 돌이키지 아니하리니 이는 저희가 모든 사로잡은 자를 끌어 에돔에 붙였음이라(암 1:6)

아마도 스바냐는 사사 시대 이후로 그들이 이스라엘에게 행한 모든 죄악을 염두에 두고 있었을 것이다. 왜냐하면 블레셋 족속은 가나안에 정착한 족속으로서는 가장 호전적인 민족으로, 사사 시대 이후로 왕정 시대에 이르기까지 끊임없이 이스라엘을 괴롭혀 왔기 때문이다. 그들은 가나안 족속들 중에서 가장 오랜 기간 동안 이스라엘을 괴롭혔으며, 또 가장 끈질기게 이스라엘을 억압하였다. 그러나 이제 그들에게 하나님의 심판이 임할 것이다. 스바냐는 블레셋 족속이 거주하던 해안 도시들이 다 버림을 받아 황폐하게 될 것이며, 뿌리째 뽑혀 텅 비게 될 것이라고 말한다(4절).

블레셋 족속이 받을 심판을 스바냐는 5절에서 예언자들의 전형적인 저주 신탁을 빌어 표현한다. 5절 첫머리에 있는 '호이'('화 있을찐저!' 또는 '저주를 받아라!')라는 낱말이 그 점을 잘 보여 준다(이 저주 신탁에 대해서는 합 2:5-8에 대한 설명을 참조). 이 저주 신탁에 의하면, 해변 거민인 그렛 족속(블레셋 족속)은 저주를 받아 이제껏 그들이 거주해 왔던 팔레스타인 해변의 땅에 아무도 거주하지 못하게 될 것이다. 야웨의 말씀('드바르 야웨'), 곧 저주의 말씀이 그들을 칠 것이기 때문이다(5절). 그들이 거주하던 해변은 이제 풀밭('초장')으로 변할 것이며, 목동의 움막과 양떼의 우리가 거기에 있게 될 것이다(6절).

뿐만 아니라 블레셋 족속의 땅은 머잖아 유다 족속의 남은 자들에게 돌아갈 것이다(7절 상반절). 여기서 말하는 남은 자들은 야웨의 날에 심판을 피하여 살아남은 자들을 가리킨다(3:11-13, 20 참조). 소수의 무리가 살아남는다는 것은 하나님의 심판이 그만큼 철저할 것임을 암시한다. 동시에 그것은 하나님께서 자기 백성을 완전히 멸하지 않으시고 일부를 남겨 두실 것임을 뜻하기도 한다. 하나님께서는 정한 때가 되면 남의 땅에 포로로 잡혀 있는 그들을 방문('파카드' 동사; 개역은 '권고하다'로 번역함)하실 것이다. 고국으로 돌아온 그들은 거기서 종일토록 평화롭게 양떼를 먹일 것이며, 저녁에는 아스글론에 있는 집들에 누워 잠을 자곤 할 것이다.

2. 모압과 암몬에 임할 심판(2:8-11)

(8절) 내가 모압의 훼방과 암몬 자손의 후욕을 들었나니
그들이 내 백성을 훼방하고
스스로 커서 그 경계를 침범하였느니라
(9절) 그러므로 만군의 여호와 이스라엘의 하나님이 말하노라
내가 나의 삶을 두고 맹세하노니
장차 모압은 소돔 같으며
암몬 자손은 고모라 같을 것이라

       찔레가 나며 소금 구덩이가 되어 영원히 황무하리니
       나의 끼친 백성이 그들을 노략하며
       나의 남은 국민이 그것을 기업으로 얻을 것이라
(10절) 그들이 이런 일을 당할 것은
       교만하여 스스로 커서 만군의 여호와의 백성을 훼방함이니라
(11절) 여호와가 그들에게 두렵게 되어서
       세상의 모든 신을 쇠진케 하리니
       이방의 모든 해변 사람들이
       각각 자기 처소에서 여호와께 경배하리라

모압과 암몬에 대한 심판 신탁은 한데 묶인 채로 나타난다. 아마도 이 두 족속이 지리적으로 가까운 데다가, 본래 그들이 아브라함의 조카 롯에게서 비롯된 형제 족속이었기 때문일 것이다(창 19:30-38 참조). 그런데 스바냐는 블레셋의 경우와는 달리 모압과 암몬이 심판을 받아 마땅한 이유를 분명하게 제시하고 있다.

그의 설명에 의하면, 이스라엘의 동쪽에 있던 이 두 나라는 하나님의 백성을 훼방하고 또 그들에게 욕설을 퍼부은 죄목으로 인하여 심판을 받게끔 되어 있었다. 더 정확하게는 하나님의 백성이 곤경에 처해 있을 때 그들을 비웃었고, 또 그들의 국경을 침범했기 때문이었다(8절). 다른 예언자들, 특히 아모스(암 1:13-2:3), 이사야(사 15-16장), 예레미야(렘 48:1-49:6), 에스겔(겔 25:1-10) 등이 이와 유사한 메시지를 전하고 있다.

그렇다면 그들이 받을 벌은 어떠한 것인가? 그들은 전형적인 죄악의 도시들인 소돔과 고모라처럼 멸망당할 것이다. 흥미로운 것은 롯에게서 비롯된 모압과 암몬이 그들의 조상 롯이 거주하였던 소돔과 고모라처럼 하나님께 벌을 받을 것이라는 점이다. 하나님의 심판을 받은 두 나라의

땅에는 찔레와 같은 거친 풀이 우거질 것이며, 둘레가 온통 소금 구덩이로 바뀌고 말 것이다. 이것은 곧 모압과 암몬의 거주지가 영원토록 황무지가 될 것임을 예고하는 것이었다.

하나님의 예정된 심판은 누구도 바꿀 수 없는 것이었다. 하나님의 결정이 너무도 확고했기 때문이었다. 9절 상반절에 있는 하나님의 맹세가 그 점을 뒷받침한다. 하나님은 1:2-3에서처럼 '느움 야웨'('야웨의 말이니라')라는 표현을 사용하시면서, 자신의 생명을 걸고 두 족속에게 심판을 내릴 것임을 다짐하셨던 것이다. 아울러 스바냐는 블레셋의 경우와 마찬가지로, 심판을 피하여 살아남은 그의 백성이 그들을 노략질할 것이며, 그 결과 그들의 땅을 유산으로 얻을 것이라고 말한다(9절 하반절).

이어서 나타나는 10-11절은 산문체로 된 것으로, 모압과 암몬의 죄악을 다시금 정리하여 언급함과 동시에, 하나님의 심판이 가져다 줄 결과에 대해서 설명한다. 10절에서 스바냐는 모압과 암몬의 죄악이 본질적으로 그들의 교만에서 비롯된 것임을 강조한다. 그들이 교만하여져서 자신을 높임으로써 하나님의 백성을 훼방했다는 것이다. 하나님의 백성을 대적한 것은 곧 하나님을 대적한 것이나 다름이 없다는 것이, 스바냐가 지적한 그들의 죄악이었던 것이다.

이와 함께 스바냐는 하나님의 이방 나라 심판이 어떠한 결과를 가져올 것인가에 대해서 언급한다(11절). 그에 의하면, 세상 모든 사람들이 하나님을 크게 두려워할 것이다. 그 이유는 하나님께서 세상의 모든 신들을 파멸시킴으로써, 오직 그만이 참 신이요 나머지 모든 신들은 다 헛된 것에 지나지 않음을 입증하실 것이기 때문이다. 두려움에 직면한 그들은 이제 거짓 신을 버리고 참 신인 야웨 하나님만을 섬겨야 한다. 이방의 모든 해변 사람들이 저마다 자기가 있는 곳에서 야웨께 경배할 것이라는 11절 하반절의 메시지가 그 점을 잘 보여 준다.

3. 구스와 앗수르에 임할 심판(2:12-15)

(12절) 구스 사람아 너희도 내 칼에 살륙을 당하리라
(13절) 여호와가 북방을 향하여 손을 펴서
앗수르를 멸하며 니느웨로 황무케 하여
사막 같이 메마르게 하리니
(14절) 각양 짐승이 그 가운데 떼로 누울 것이며
당아와 고슴도치가 그 기둥 꼭대기에 깃들일 것이며
창에서 울 것이며 문턱이 적막하리니
백향목으로 지은 것이 벗겨졌음이라
(15절) 이는 기쁜 성이라 염려 없이 거하며 심중에 이르기를
오직 나만 있고 나 외에는 다른 이가 없다 하더니
어찌 이같이 황무하여 들짐승의 엎드릴 곳이 되었는고
지나가는 자마다 치소하여 손을 흔들리로다

이집트의 남쪽에 있는 구스(이디오피아)에 대한 심판 메시지는 매우 간단하다(12절). 구스는 이집트의 제25왕조(주전 716-663년) 때에 이집트를 지배한 적이 있을 만큼 강성한 나라였다. 그러나 그들이 이스라엘이나 유다와 어떤 관계를 맺고 있었는지에 대해서는 아무 것도 알려져 있지 않다. 그들이 하나님의 백성에게 무엇을 어떻게 잘못 했는지에 대해서도 마찬가지이다. 성경 전체를 두고 볼 때, 구스는 지리적으로나 정치적으로 이스라엘 백성과 깊은 관계를 맺을 수 없었다.

따라서 여기서 말하는 구스는 아마도 이집트를 지배하던 때의 구스를 지칭한다고 볼 수 있다. 아마도 스바냐는 구스라는 이름을 사용하여 간접적으로 이집트 제국을 가리키고자 했을 것이다. 이스라엘 백성을 괴

롭힌 나라는 구스가 아니라 이집트였기 때문이다. 이렇게 본다면 12절과 13-15절은 제각기 당시의 초강대국인 이집트와 앗수르에 대한 심판의 말씀이라고 할 수 있다. 이것은 아무리 강한 나라라 할지라도 영원히 지속되지 못한다는 사실을 가르쳐 준다. 어쨌든 구스(또는 이집트)는 하나님의 심판을 받아 그의 칼에 살륙당할 운명에 처해 있었다.

이집트를 상징하는 구스의 그러한 운명은 유다 나라의 북방에 있는 앗수르에게도 그대로 적용되는 것이었다. 스바냐는 앗수르 제국에 임할 하나님의 심판을 그가 앗수르를 향하여 손을 펴시는 것으로 묘사한다(13절; 사 5:25; 9:12, 17, 21; 10:4 등을 참조). 하나님은 앗수르 제국의 수도인 니느웨를 황무케 하여 사막과 같이 메마르게 하실 것이다. 그렇게 되면 니느웨에는 골짜기에 사는 온갖 들짐승이 떼를 지어 살게 될 것이며, 당아(塘鵝; 갈가마귀)와 올빼미(개역과 개역 개정판은 '고슴도치'로 번역함)도 기둥 꼭대기에 깃들어 살면서 창문턱에 앉아서 지저귈 것이다. 문간으로 이르는 길에는 돌조각이 너저분하고 백향목으로 만든 들보는 삭아 버릴 것이다(14절).

앗수르 제국의 수도였던 니느웨는 본래 한껏 으스대던 도시요, 안전하게 살 수 있다고 자랑하던 도시였다. 영속적인 안전을 보증해 주는 것처럼 보였다. 덧없고 변화하는 세상에서도 유일하게 변하지 않는 것으로 여겨졌다. 그 도시에 살던 사람들은 자기들 외에는 다른 누구도 있을 수 없다는 자만에 빠져 있었다. 다른 누구의 존재도 인정하지 않으려 하던 철저한 자기 중심주의가 그들을 사로잡고 있었던 것이다.

그러나 니느웨의 안전함도 하나님의 심판 앞에서는 오래 버티지 못한다. 사람들에게 으스대고 뻐기던 도시가 이제는 황폐하게 되어 들짐승이나 깃드는 곳이 될 것이다. 그리하여 지나가는 사람마다 비웃으며 손

가락질을 할 것이다(15절). 여기서 한 가지 주목할 것은 스바냐의 니느웨 멸망 예언은 니느웨가 아직 망하지 않았음을 전제하고 있다는 점이다. 니느웨가 바벨론에 함락된 때가 주전 612년이었으니까, 스바냐의 이 예언은 주전 612년 이전에 주어진 것이라고 볼 수 있다.

이상에서 살핀 스바냐의 열방 심판 메시지(2:4-15)에서 우리는 적어도 세 가지의 사실을 발견할 수 있다. 첫 번째는 하나님은 세상 역사를 주관하시는 분이기 때문에 모든 나라들의 운명이 하나님께 달려 있다는 사실이다. 거기에는 강한 나라나 약한 나라 사이에 구별이 없다. 아무리 강한 나라라 할지라도 하나님의 심판을 피할 수는 없는 법이다. 두 번째의 사실은 하나님의 택한 백성을 해친 자들은 반드시 하나님의 진노를 받는다는 점이다. 그들의 행위는 곧 하나님을 대적하는 것으로 이해되기 때문이다. 그리고 세 번째는 하나님 앞에서 스스로를 높임으로써 교만에 빠지는 자들을 하나님께서 수치스럽게 만드신다는 사실이다. 물론 그것은 궁극적으로는 그들로 하여금 하나님을 두려워하며 섬기게 하려는 목적을 가지고 있었다(11절 참조).

Ⅳ. 예루살렘의 죄와 하나님의 구원(3장)

1. 예루살렘의 죄(3:1-5)

(1절)   패역하고 더러운 곳,
        포학한 그 성읍이 화 있을찐저
(2절)   그가 명령을 듣지 아니하며
        교훈을 받지 아니하며

여호와를 의뢰하지 아니하며
자기 하나님에게 가까이 나아가지 아니하였도다
(3절) 그 가운데 방백들은 부르짖는 사자요
그 재판장들은 이튿날까지 남겨 두는 것이 없는 저녁 이리요
(4절) 그 선지자들은 위인이 경솔하고 간사한 자요
그 제사장들은 성소를 더럽히고 율법을 범하였도다
(5절) 그 중에 거하신 여호와는 의로우사
불의를 행치 아니하시고
아침마다 간단없이 자기의 공의를 나타내시거늘
불의한 자는 수치를 알지 못하는도다

스바냐는 이방 나라들에 대한 심판 메시지를 선포한 다음에, 유다 나라에 대한 심판 메시지로 방향을 바꾼다. 이로써 그는 하나님의 백성인 유다 나라도 하나님께 범죄할 경우에는 이방 나라들과 똑같이 심판을 받아야 한다는 사실을 보여 주고자 한다. 비록 3장 1절 이하에 예루살렘에 대한 직접적인 언급이 없지만, 1장 12절에 의하면 3장 1절 이하의 '성읍'은 예루살렘을 지칭하고 있음이 분명하다. 언뜻 보기에는 3장 1절의 형식이 니느웨를 비판하는 2장 15절의 형식과 매우 유사하다. 그러나 3장 2-4절에 있는 표현들을 보면 3장 1절이 결코 니느웨에 관한 것일 수 없음을 금방 알 수 있다. 이 점은 방백(대신)들이나 재판장, 선지자, 제사장, 율법(토라) 등에 관한 언급에 의해 확인된다.

스바냐가 보기에 유다 나라가 하나님께 심판을 받아야 할 근본적인 이유는 예루살렘에 있었다. 주지하다시피 예루살렘은 지배 계층이 몰려 사는 곳이었다. 그들에게는 백성을 선도해야 할 책임이 있었다. 그러나 상황은 정반대였다. 그들은 백성을 바른 길로 이끌려고 하기는커녕 앞장서서 이방 나라의 신들을 숭배했다. 뿐만 아니라 그들은 노골적으로

하나님을 거역했으며, 하나님을 찾지도 않았고 그의 거룩한 뜻을 구하지도 않았다(1:4-6, 8-9 참조). 하나님 보시기에 그들은 이방 나라 사람들만큼이나 많은 죄악을 행하고 있었다. 어떻게 보면 예루살렘의 죄는 이방 나라들의 죄보다 훨씬 더 가증했다. 왜냐하면 그들은 하나님의 선택된 백성으로 율법(토라)과 언약을 가지고 있었기 때문이다.

하나님께서는 그들에게 특별한 방식으로 말씀하시면서, 그들을 가르치려고 노력하셨다. 그러나 소용이 없었다. 그들은 하나님을 배척했으며, 하나님을 신뢰하지도 않았고 그를 제대로 섬기지도 않았다. 그 까닭에 스바냐는 그들이 사는 예루살렘을 향하여 블레셋 족속에게 한 것(2:5)과 똑같은 저주의 메시지를 퍼붓는다. 1절 첫머리에 있는 '호이'('화 있을찐저!' 또는 '저주를 받아라!')라는 짧은 외침이 그 점을 잘 보여 준다.

스바냐가 선포한 저주의 메시지에 의하면, 지배 계층이 몰려 사는 예루살렘은 하나님께 반역하는 성읍이요, 더러운 성읍이요, 폭력으로 가득 찬 성읍이었다(1절). 하나님의 거룩한 집(성전)이 예루살렘에 있었음에도 불구하고, 거기에 사는 자들의 삶은 도무지 거룩하지 못했다. 평화와 의의 삶을 추구하기는커녕, 그러한 삶을 살려고 애쓰는 사람들을 억압하는 데 혈안이 되어 있었다. 그들은 또한 하나님의 목소리('콜'), 곧 그의 명령에 귀를 기울이지도 않았으며, 그의 가르침(교훈)에 순종하지도 않았다. 하나님을 의지하지도 않았고, 그에게 가까이 가지도 않았다(2절). 철저한 무관심과 불순종의 삶이었다.

스바냐는 3-4절에서 지도자들의 죄악을 보다 구체적으로 고발한다(겔 22:25-28 참조). 이에는 방백, 재판장, 예언자, 제사장 등이 포함되어 있다. 스바냐가 왕에 대해서 한 마디도 언급하지 않는 것은 그가 자신의 친족이기 때문이기도 했겠지만, 보다 근본적인 이유는 당시에 미성년자였던 요시야에게 국사에 대한 책임을 물을 수 없었기 때문이었던 듯하다.

먼저 행정 관료인 방백(대신)들에 대해서 보기로 하자. 스바냐의 지적에 의하면, 정치 지도자들인 방백(대신)들은 백성들을 보살피는 데에는 관심이 없었고, 도리어 굶주린 사자처럼 백성들을 삼키고자 했다. 그들에게 있어서 백성은 섬겨야 할 대상이 아니라 단순히 수탈의 대상일 뿐이었다. 스바냐가 그들을 부르짖는 사자에 비교한 것은, 그들이 자기들에게 있는 권력을 남용하여 일반 백성들을 압제했기 때문이었다. 그들은 백성을 섬기는 데 사용해야 할 권력을 자기들의 이기적인 목적을 달성하기 위해 썼던 것이다.

사법 지도자들인 재판장들도 예외가 아니었다. 그들은 하나님의 법을 따라 재판을 행하고, 그럼으로써 하나님의 정의를 바로 세워야 할 사람들이었다. 그러나 그들에게는 양심도, 법도 없었다. 스바냐의 비유에 의하면, 그들은 이튿날 아침까지 남겨 두는 것이 없는 이리떼와 같았다. 마치 며칠 굶은 맹수들처럼 백성들의 재물을 탈취하는 데 혈안이 되어 있었던 것이다. 그들에게 있어서 하나님의 법은 정의를 세우는 데 필요한 것이 아니었다. 도리어 그것은 그들의 탐욕을 채우는 데 마음껏 사용되었다. 그들은 법의 올바른 운용에는 관심이 없었고, 오직 법이 자기들에게 가져다 줄 수 있는 이익에만 관심이 있었던 것이다. 재판장들의 이러한 타락은 예루살렘과 유다 나라 전체의 법질서를 크게 혼란에 빠뜨리고 말았다.

하나님의 말씀을 신실하게 대언해야 할 예언자들도 마찬가지였다. 그들은 나라의 안녕과 복지를 위해 용기 있게 하나님의 말씀을 선포해야 하는 사람들이었다. 그러나 그들에게는 나라의 앞날에 대한 관심이 없었다. 하나님의 말씀에 대한 관심도 없었다. 오로지 국가로부터 받는 월급에만 관심이 있었다. 그들은 직업적인 궁중 예언자였고, 백성들이 듣기 좋아하는 말만 골라서 하는 거짓 예언자들이었다. 그들은 위인이 경솔해서 도무지 믿을 수 없는 사람들이었다. 또한 자기들의 사욕을 채우는 일이라면 하나님의 말씀까지도 왜곡하는 일을 서슴지 않는 참으로 간사한 자들이었다.

종교 지도자들인 제사장들은 어떠했는가? 그들에게는 두 가지의 신성한 의무가 있었다. 그 하나는 하나님과 백성 사이를 중재하는 것으로, 하나님께 드리는 제사나 예배를 집전하는 일이었다. 다른 하나는 백성들에게 하나님의 율법(토라)을 가르치는 일이었다. 이것은 주로 일상 생활과 관련된 것으로, 백성들로 하여금 거룩한 삶을 살 수 있게 인도하는 일이었다. 백성들로 하여금 거룩한 것과 속된 것을 분별하게 하고, 부정한 것과 정한 것을 분별할 수 있게 하는 것이 이 일에 속했다(레 10:10-11 참조). 그러나 그들은 이처럼 소중한 직무를 소홀히 여겼다. 올바른 제사를 드리지 않았을 뿐만 아니라 무분별하게 이방 제사를 허용함으로써 하나님의 거룩한 집을 더럽혔다. 또한 그들은 백성들에게 율법을 제대로 가르치기는커녕, 그들 스스로가 앞장서서 하나님의 율법을 범하기까지 했다. 그 이유는 다른 데에 있지 않았다. 그들이 제사장의 직무에 대한 보수를 받는 데에만 관심이 있었지, 제사 드리는 일이나 율법 교육에는 전혀 관심이 없었기 때문이었다.

예루살렘의 지도자들은 이상에서 보듯이 하나님을 바로 섬기는 일에 매우 무관심했다. 자기들에게 맡겨진 거룩한 사명에도 무관심했다. 도리어 개인적인 욕심을 채우는 데만 급급했다. 그들의 부패와 타락은 결국 예루살렘의 부패를 가져왔고, 예루살렘의 부패는 마침내 나라 전체의 파멸을 초래할 지경에까지 이르렀다. 그러나 이처럼 불의한 자들 중에 거하시는 하나님은 여전히 의로운('차띠크' ; righteous) 분이시다. 그는 결코 불의를 행치 아니하시며, 아침마다 끊임없이 자신의 공의('미슈파트' ; justice)를 나타내신다. 저녁('에렙')마다 날뛰는 사악한 재판장들과는 달리, 야웨 하나님은 아침('보케르')마다 그의 공의를 새롭게 하신다(호 6:3; 애 3:22-23 참조). 그의 공의는 마치 태양의 떠오름과 같아서 결코 변함이 없다.

야웨께서 이렇듯이 자신의 의를 드러내시며 사람들에게 공의를 행하시는데도, 악을 행하는 자들은 부끄러운 줄을 몰랐다. 수치를 모르는 그들은 참으로 불행한 자들이었다(5절). 스바냐가 5절에서 이처럼 하나님의 의와 공의를 강조하는 이유는 어디에 있을까? 무슨 목적으로 스바냐는 하나님의 공의를 예루살렘의 지도자들을 비롯한 유다 백성 전체의 불의함과 비교하고 있는 것일까? 그것은 하나님의 공의가 유다 나라의 불의함을 심판하는 기준이 되기 때문이었다. 거꾸로 얘기하자면, 유다 나라의 불의함은 의와 공의를 요구하는 하나님의 거룩한 뜻을 이루지 못한 까닭에, 공의로운 하나님의 심판을 피할 수 없게 되었다는 것이다.

2. 죄에 대한 심판(3:6-8)

(6절) 내가 열국을 끊어 버렸으므로 그 망대가 황무하였고
내가 그 거리를 비게 하여 지나는 자가 없게 하였으므로
그 모든 성읍이 황폐되며 사람이 없으며
거할 자가 없게 되었느니라
(7절) 내가 이르기를 너는 오직 나를 경외하고 교훈을 받으라

> 그리하면 내가 형벌을 내리기로 정하기는 하였거니와
> 너의 거처가 끊어지지 아니하리라 하였으나
> 그들이 부지런히 그 모든 행위를 더럽게 하였느니라
(8절) 나 여호와가 말하노라
> 그러므로 내가 일어나 벌할 날까지 너희는 나를 기다리라
> 내가 뜻을 정하고
> 나의 분한과 모든 진노를 쏟으려고
> 나라들을 소집하며 열국을 모으리라
> 온 땅이 나의 질투의 불에 소멸되리라

 1-5절에서 유다 나라의 불의함을 하나님의 공의로우심에 비교한 스바냐는, 6-8절에서 유다 백성이 심판을 받아야만 하는 또 다른 이유를 설명하면서, 그들에게 하나님의 심판이 어떻게 임할 것인가에 대해서 밝힌다. 1-5절의 메시지가 예언자 자신이 예루살렘을 대상으로 말하는 형식을 취하고 있다면, 6-8절은 야웨 하나님께서 직접 말씀하시는 형식을 취하고 있다. 그래서 1-5절에서는 야웨 하나님이 3인칭으로 나타나지만, 6-8절에서는 1인칭으로 나타난다.

 스바냐가 대언한 하나님의 말씀에 의하면, 유다 백성들은 하나님께서 이방 나라들에게 행하신 엄중한 심판에서 도무지 교훈을 얻으려고 하지 않았다. 그들은 마땅히 그들 주변에서 일어나는 일들 속에서 하나님의 성품이나 그의 역사 주권을 인정해야만 했다. 하나님께 벌을 받아 망하는 나라들을 보면서, 그와 동일한 심판이 자기들에게도 임할 수 있다는 사실을 배웠어야 했다. 그러나 그들에게는 더 이상 그러한 감각이 없었다. 이미 하나님을 멀리 떠나 있었기 때문이다.

 하나님께서는 범죄한 나라들의 성읍에 있는 망대들을 다 부수어 버렸으며, 길거리를 왕래하던 무수한 사람들을 없애어 거리가 텅 비게 하셨

다. 무적(無敵)을 자랑하던 성읍들을 황폐하게 하여, 사람들이 도무지 살 수 없는 곳으로 만들어 버렸다. 한때는 많은 사람들이 모여 살던 성읍들을 사람 하나 살지 않는 폐허로 만들어 버렸다. 그 많던 사람들이 순식간에 온데간데없이 다 사라지고 없었다. 활기에 넘치던 성읍들이 이제는 죽음으로 가득 찬 유령의 도시로 변해 버린 것이다(6절).

하나님은 이러한 심판 행위들을 통해서 유다 백성이 무엇인가를 깨닫기를 원하셨다. 폐허가 되어 버린 성읍들을 보면서 자기들도 그렇게 될지 모른다는 사실을 깨달았으면 하는 기대를 가지셨다. 그리하여 그들이 하나님을 두려워하게 되고, 또 그가 가르치는 대로 순종하기를 기대하셨다. 만일에 그들이 조금이라도 변화를 보인다면, 예정된 벌을 돌이킬 수도 있었다. 그러나 소용이 없었다. 예루살렘의 지도자들을 비롯한 유다 백성들은 하나님을 두려워하기를 거절하였다. 도리어 그들은 부지런히 그 행위를 더럽게 하였으며, 새벽같이 일어나 못된 짓만 골라가면서 행했다(7절).

그들은 아마도 예루살렘이 망할 수 없다고 생각했을 것이다. 하나님께서 선택하신 성읍, 하나님께서 택하신 민족, 하나님께서 만드신 나라, 또 그의 백성은 망할 수 없다고 믿었을 것이다. 자기들만큼은 하나님의 심판이 피해갈 것이라고 믿었을 것이다. 오직 이방 나라들만이 하나님의 심판을 받는다고 생각했을 것이다. 자기들만큼은 예루살렘을 중심으로 영원히 안전한 삶을 누릴 수 있으리라고 여겼을 것이다.

그러나 이방 나라들이 당했던 벌은 그들에게만 해당되는 것이 결코 아니었다. 도리어 그것은 유다 나라 백성들에게 매우 중요한 교훈이 될 수 있었다. 그러나 그들은 교훈 받기를 거절하였다. 하나님께서는 그들에게 진노하셨다. 8절에 이어지는 심판의 말씀은 하나님께서 그의 기대를 어기고서 범죄에 몰두해 있는 유다 백성들에게 얼마나 진노하고 계시는가를 잘 보여 준다. 이제 남아 있는 것이라곤 하나님의 엄한 심판뿐이었다. 하나님은 범죄한 유다 백성들에게 그들을 벌하러 갈 테니 기다리라고 말씀하신다. 하나님의 심판은 열방을 통해 이루어질 것이다. 이스라엘의 온 땅이 하나님의 질투의 불에 소멸될 것이다.

이러한 심판의 말씀은 자기들만은 안전할 것이라는 유다 백성의 오만한 환상을 완전히 깨뜨리는 것이었다. 그러나 동시에 8절 말씀은 야웨께서 이스라엘이나 유다를 포함한 세상의 모든 나라들을 소집하여 그의 분노를 온 세상에 쏟을 것임을 뜻하는 것이기도 했다. 달리 말해서 하나님의 쌓이고 쌓인 분노가 폭발해 악을 범했던 모든 나라들이 멸망당할 것이라는 말이었다. 이것은 결국 하나님의 유다 심판이 그의 열방 심판과 궤를 같이하고 있음을 보여 준다. 이 점에서 본다면 8절은 6-7절과 9절 이하를 연결짓는 역할을 수행한다고 볼 수 있다. 왜냐하면 9-10절은 하나님의 심판을 받은 열방이 어떻게 변할 것인가에 대해서 말하고 있기 때문이다.

3. 다가올 변화(3:9-13)

(9절) 그 때에 내가 열방의 입술을 깨끗케 하여
그들로 다 나 여호와의 이름을 부르며
일심으로 섬기게 하리니
(10절) 내게 구하는 백성들
곧 내가 흩은 자의 딸이
구스 하수 건너편에서부터 예물을 가지고 와서 내게 드릴찌라
(11절) 그 날에 네가 내게 범죄한 모든 행위를 인하여
수치를 당하지 아니할 것은

그 때에 내가 너의 중에서 교만하여 자랑하는 자를 제하여
     너로 나의 성산에서 다시는 교만하지 않게 할 것임이니라
(12절) 내가 곤고하고 가난한 백성을 너의 중에 남겨 두리니
     그들이 여호와의 이름을 의탁하여 보호를 받을찌라
(13절) 이스라엘의 남은 자는 악을 행치 아니하며
     거짓을 말하지 아니하며
     입에 궤휼한 혀가 없으며
     먹으며 누우나 놀라게 할 자가 없으리라

스바냐는 하나님의 심판이 끝난 후에 이루어질 새로운 변화에 대해서 언급한다. 그 중에서도 9-10절은 이방 나라 백성들의 변화에 대해서, 그리고 11-13절은 예루살렘의 변화에 대해서 묘사한다. 9-10절이 이방 나라 백성들의 하나님 경배에 관해서 얘기하고 있다면, 11-13절은 이스라엘의 남은 자들을 통해 이루어질 구원에 대해서 얘기한다. 이방 나라 백성이 하나님께 경배하러 온다는 것이나 이스라엘 백성 중에 남은 자가 있으리라는 것은, 한결같이 하나님의 철저한 심판을 전제하고 있다. 즉, 심판을 통해서 정결하게 된 자들이 하나님을 섬기게 될 것이고, 심판을 피해서 살아남은 자들이 진실한 마음으로 하나님을 의지할 것이라는 말이다.

먼저 9절을 보자. 스바냐는 심판이 끝날 무렵에 하나님께서 온 세상 백성들의 언어(입술)를 순화시킬 것이라고 말한다. 그렇게 되면 열방은 깨끗한 입술로 하나님의 이름을 부를 것이며 한 마음으로 그를 섬길 것이다. 이것은 모든 부정함과 불결함이 온 세상 사람들의 입술로부터 제거되고, 그럼으로써 그들이 한 마음으로 하나님을 섬길 종말론적인 때에 관한 메시지였다. 스바냐 자신이 그 때를 기다리고 있었다고 할 수도 있다.

어쨌든 스바냐의 이 메시지는 본래 하나였던 인간의 언어가 범죄로 인하여 여러 갈래로 나누어져 버린 바벨탑 사건(창 11:1-9)을 연상시킨다. 아울러 부정한 입술에 관한 그의 언급은, 거룩한 하나님을 보는 순간에 자신의 입술과 백성의 입술이 부정함을 발견한 이사야의 소명 기사를 생각케 한다: "그 때에 내가 말하되 화로다 나여 망하게 되었도다 나는 입술이 부정한 사람이요 입술이 부정한 백성 중에 거하면서 만군의 여호와이신 왕을 뵈었음이로다"(사 6:5). 어쩌면 스바냐의 이 메시지에는 바벨탑 사건에 얽힌 언어 혼잡의 주제와 이사야의 소명 기사에 있는 입술의 부정함에 관한 주제를 결합시켰을는지도 모른다. 왜냐하면 9절의 메시지에는 인간의 수많은 언어들 – 죄로 인하여 부정해진 입술들 – 이 예배와 찬양을 드리는 하나의 언어로 통합되리라는 희망이 포함되어 있기 때문이다.

10절에 있는 귀향 메시지도 마찬가지 관점에서 이해할 수 있다. 스바냐는 하나님께 구하는 백성들, 곧 그가 흩어 보낸 사람들이 구스 하수 건너편에서 하나님께 예물을 가지고 와서 그에게 드릴 것이라고 말한다. 여기서 흩어 보낸 자들이라는 표현은 바벨론 제국에 의하여 포로로 잡혀간 이스라엘 백성을 지칭하지 않는다. 바벨론 제국이 이스라엘 백성을 이집트 남쪽에 있는 구스에까지 포로로 잡아갔을 리가 없기 때문이다.

도리어 흩어진 자들은 언어 혼잡에 의하여 뿔뿔이 흩어져 버린 바벨탑 공동체를 뜻한다고 보아야 옳다. 하나님께서 바벨탑을 쌓던 사람들을 온 지면에 흩으셨다는 창세기 11장의 메시지가 그 점을 확인시켜 준다:

여호와께서 거기서 그들을 온 지면에 흩으신 고로 그들이 성 쌓기를 그쳤더라 그러므로 그 이름을 바벨이라 하니 이는 여호와께서 거기서 온 땅의 언어를 혼잡케 하셨음이라 여호와께서 거기서 그들을 온 지면에 흩으셨더라(8-9절)

따라서 구스 하수 건너편에서 사람들이 예물을 들고 온다는 것은 사방으로 흩어진 자들, 곧 팔레스타인 땅에서 멀리 떨어진 곳에 있는 사람들조차 하나님께 경배하러 올 것이라는 희망을 표현한 것이나 다름이 없다. 이것은 곧 하나님의 구원이 전 세계에 걸쳐 있음을 뜻한다. 그의 구원이 국경과 지역을 초월해서 온 세상 모든 백성들에게 미치리라는 것이다.

이처럼 온 세상에 걸친 하나님의 구원(universal)에 대해서 얘기한 스바냐는 이제 범위를 좁혀 예루살렘과 거기에 거주하는 사람들(particular)에 대하여 언급한다(11-13절). 이스라엘 백성들은 지난날에 하나님께 범죄한 일들로 인하여 더 이상 부끄러워하지 않아도 될 것이다. 그 이유는 하나님께서 교만한 자들이나 자랑을 일삼던 자들을 이스라엘 공동체 안에서 완전히 제거하실 것이기 때문이다. 이제 하나님의 거룩한 산(예루살렘 성전)에는 더 이상 거만을 떠는 자들이 있지 못할 것이다(11절).

반면에 하나님께서는 곤고하고 가난한 백성을 예루살렘에 남기실 것이다. 여기서 '곤고하다'(히브리어로 '아니')는 것은 압제와 고통 속에서 겸손해진 것을 뜻한다. '가난하다'(히브리어로 '달')는 것도 마찬가지이다(2:3 참조). 구약성경을 보면 곤고하다는 낱말이나 가난하다는 낱말은 매우 자주 겸손한 자들이나 온유한 자들과 동일시되어 나타나며, 하나님을 의뢰하고 진심으로 그를 섬기는 자들을 뜻한다. 시편

(22:26; 25:9; 34:2; 37:11; 69:33; 147:6; 149:4), 아모스(2:7; 8:4), 이사야(29:19; 32:7; 61:1) 등에 그러한 표현이 자주 나타난다. 예수 그리스도의 메시지(마 5:3-5; 눅 4:18-19; 7:22 등)도 이와 관련된다. 스바냐에 의하면, 그들은 하나님의 이름을 의지하는 자들이요, 하나님의 보호를 받을 자들이다(12절).

스바냐는 13절 서두에서 그들을 이스라엘의 남은 자들이라 칭한다. 이스라엘 백성이 조금 밖에 남지 않을 것이라는 것은, 이스라엘의 죄가 얼마나 무거운 것인가를 알려주는 동시에, 하나님의 심판이 얼마나 철저할 것인가를 잘 보여 주는 것이기도 하다. 또한 그것은 하나님께서 야웨의 날에 자기 백성을 완전히 멸하지는 않으실 것임을 뜻하기도 한다. 이 점에서 본다면, 남은 자 개념은 죄에 대한 하나님의 공의로운 심판이 어떠한가를 보여 주는 한편으로, 자기 백성을 향한 하나님의 자비와 긍휼이 얼마나 큰가를 보여 주는 매우 중요한 개념이라 할 수 있다.

이것을 다시 정리하자면, 남은 자 개념에는 적어도 두 가지의 기본적인 사실이 감추어져 있다. 그 하나는 남은 자 개념이 이스라엘을 포함한 인간의 보편적인 죄에 대해서, 그리고 그러한 죄성에 근거한 절망에 대해서 얘기하고 있다는 점이다. 다른 하나는 남은 자 개념이 하나님의 자비와 긍휼에 근거한 희망의 미래에 대해서 얘기하고 있다는 점이다. 이 두 가지 사실에서 우리는 남은 자 개념이 절망과 희망 사이의 변증법에 기초한 것임을 알 수 있다. 아울러 인간의 죄와 그에 대한 심판에서 비롯되는 절망은 하나님의 새로운 희망에 의해서 충분히 극복된다는 점도 알 수 있다.

다시 13절 본문으로 돌아가 보자. 스바냐에 의하면, 하나님의 긍휼을 대변하는 이스라엘의 남은 자들은 악을 행치 아니하며 거짓을 말하지 아니할 것이다. 또한 그들의 입에는 간사한 혀(또는 언어; 히브리어로 '라숀')가 없을 것이다. 즉, 부정한 입술(사 6:5)과 언어가 온전히 깨끗함을 입을 것이다. 그들은 하나님의 보호하심 가운데 잘 먹고 편히 쉴 것이기 때문에, 어느 누구도 그들을 놀라게 하지 못할 것이다(13절). 그들을 위협할 자가 없을 것이라는 말이다. 이것은 그들이 완전한 평화와 안전을 누릴 것임을 뜻한다.

4. 기쁨의 노래(3:14-20)

(14절) 시온의 딸아 노래할찌어다
　　　 이스라엘아 기쁘게 부를찌어다
　　　 예루살렘 딸아 전심으로 기뻐하며
　　　 즐거워할찌어다
(15절) 여호와가 너의 형벌을 제하였고
　　　 너의 원수를 쫓아내었으며
　　　 이스라엘 왕 여호와가 너의 중에 있으니
　　　 네가 다시는 화를 당할까
　　　 두려워하지 아니할 것이라
(16절) 그 날에 사람이 예루살렘에게 이르기를
　　　 두려워하지 말라
　　　 시온아 네 손을 늘어뜨리지 말라
(17절) 너의 하나님 여호와가 너의 가운데 계시니
　　　 그는 구원을 베푸실 전능자시라
　　　 그가 너로 인하여 기쁨을 이기지 못하여 하시며
　　　 너를 잠잠히 사랑하시며
　　　 너로 인하여 즐거이 부르며 기뻐하시리라 하리라
(18절) 내가 대회로 인하여 근심하는 자를 모으리니
　　　 그들은 네게 속한 자라

         너의 치욕이 그들에게 무거운 짐이 되었느니라
(19절) 그 때에 내가 너를 괴롭게 하는 자를 다 벌하고
         저는 자를 구원하며 쫓겨난 자를 모으며
         온 세상에서 수욕 받는 자로
         칭찬과 명성을 얻게 하리라
(20절) 내가 그 때에 너희를 이끌고
         그 때에 너희를 모을찌라
         내가 너희 목전에서
         너희 사로잡힘을 돌이킬 때에
         너희로 천하 만민 중에서
         명성과 칭찬을 얻게 하리라
         나 여호와의 말이니라

　스바냐서의 결론에 해당하는 3:14-20은 기쁨에 가득 찬 찬미의 노래로 끝을 맺는다. 결론 부분의 이처럼 밝은 분위기는, 하나님의 심판에 대해서 언급하는 서론 부분의 어둡고 캄캄한 분위기와 큰 대조를 이룬다. 이것은 하박국서의 경우도 마찬가지이다. 왜냐하면 하박국서 역시 탄식과 절망으로 시작해서 찬미의 노래로 끝을 맺고 있기 때문이다. 포로기 이후의 종말론적인 기쁨을 반영하는 것으로 보이는 이 부분은, 이스라엘의 큰 축제에서 사용했음직한 찬양시의 형태를 갖추고 있다. 물론 찬양의 대상은 이스라엘의 하나님이다.

　이 기쁨의 노래는 삼중(三重)으로 된 찬미 권유로 시작한다: "시온의 딸아, 노래할찌어다! 이스라엘아, 기쁘게 부를찌어다! 예루살렘의 딸아, 전심으로 기뻐하며 즐거워할찌어다!" 이 세 개의 찬미 권유는 서로 평행을 이루는 것으로, 시온의 딸과 이스라엘 및 예루살렘의 딸을 동일시하고 있다. 이러한 동일시와 15절에 있는 '이스라엘'이라는 표현을 주목해 보면, 이 기쁨의 노래는 포로 상황의 종결과 통일 왕국의 회복에 초

점을 맞추고 있음을 금방 알 수 있다. 물론 이 메시지는 바로 앞서 소개된 남은 자 개념과 맥을 같이 하고 있다. 따라서 찬미를 권유받는 이들은 당연히 그들 남은 자들인 것이다.

15-20절은 예루살렘이 기쁨의 노래를 불러야 할 이유를 상세하게 설명한다. 이 구절들에 의하면, 그들이 기뻐해야 할 이유는 매우 간단했다. 그것은 곧 그들을 구원하여 원수의 땅에서 돌아오게 하겠다는 하나님의 약속 때문이었다. 하나님의 벌을 받아 마땅했던 죄악과 불의의 도시가 머잖아 하나님의 구원을 받게 되리라는 것은 정말로 놀라운 소식이 아닐 수 없었다. 그래서 스바냐는 이스라엘 백성들로 하여금 하나님의 구원을 기뻐할 것을 세 번씩이나 강조했던 것이다.

이제 예루살렘이 기뻐하고 즐거워해야 하는 이유가 무엇인지를 15절 이하에서 구체적으로 살펴보기로 하자. 15절에 의하면, 야웨 하나님은 이스라엘 백성에게 내린 징벌을 해제하셨고, 이스라엘 백성을 억압하던 원수를 그들의 땅에서 완전히 쫓아내셨다. 이제 그가 이스라엘의 왕으로 그들을 다스릴 것이기 때문에, 더 이상 화를 당할까 두려워할 필요가 없었다. 하나님의 통치와 임재에 대한 이러한 확신은 16-17절까지 계속되는데, 스바냐는 이 두 절을 다른 사람들이 노래하는 형식으로 표현한다. 따라서 이 두 구절에서는 하나님이 3인칭으로 묘사된다.

사람들이 예루살렘을 향하여 부르는 노래에 의하면, 이스라엘 백성이 두려워하거나 힘없이 팔을 늘어뜨리고 있을 필요가 없는(16절) 이유에는 세 가지가 있었다. 그 세 가지 이유는 17절에 잘 묘사되어 있는바, 17절은 하나님이 어떠한 분이시며 자기 백성 이스라엘을 향하여 어떠한 마음을 가지고 계시는지를 잘 설명해준다. 이스라엘이 심판을 받아 고통을 당하면서도 절망하지 않아도 되는 첫 번째 이유는 하나님께서 그들 가운데 계시기 때문이다. 하나님께서 그들과 함께하신다는 얘기다. 하나님은 결코 멀리 계신 분이 아니다. 구경꾼도 아니다. 우주 만물을 창조하시고 세상 역사를 이끌어 가시며, 항상 우리 곁에, 우리 가운데 계신 분이다. 심판하실 때조차도 하나님은 그들과 함께하시는 분이다. 이스라엘의 광야 생활을 보라. 하나님은 불순종하고 거역하는 자들을 심판하시면서도 40년 동안 구름기둥, 불기둥으로 그들과 함께하셨다.

이스라엘이 두려워할 필요가 없는 두 번째 이유는 하나님이 '구원의 용사'('기뽀르 요쉬아'; 개역과 개역개정판은 "구원을 베푸실 전능자"라고 번역함)이시기 때문이다. 이것은 이전에 유다 백성을 대상으로 하여 전쟁을 벌이시던 하나님께서 이제는 이스라엘의 원수들을 상대로 하여 전쟁을 벌이시고, 그 전쟁에서 승리를 거두심으로써 이스라엘에게 구원을 베풀어주실 것임을 뜻한다(15절 참조). 하나님은 이스라엘과 함께하시는 분일 뿐만 아니라, 이스라엘을 위해 구원을 베푸시는 용사이시기도 하다. 함께 있기만 하면 무슨 소용이 있을 것인가. 평생 동안 같이 있은들 아무런 도움도 되어주지 못한다면 어떻게 되겠는가. 함께 있으면서 도리어 짐만 된다면, 그처럼 고통스러운 것도 없을 것이다. 그런데 하나님은 그들 곁에 계시면서 필요할 때마다 그들을 지키시고 구원해 주시는 분이다. 시편 121:5-8이 하나님의 이러한 성품을 가장 잘 반영하고 있다:

> 여호와는 너를 지키시는 자라 여호와께서 네 우편에서 네 그늘이 되시나니 낮의 해가 너를 상치 아니하며 밤의 달도 너를 해치 아니하리로다 여호와께서 너를 지켜 모든 환난을 면케 하시며 또 네 영혼을 지키시리로다 여호와께서 너의 출입을 지금부터 영원까지 지키시리로다(시 121:5-8)

17절은 세 번째로 하나님께서 이스라엘로 인하여 기쁨을 이기지 못하시며 잠잠히 그들을 사랑하시고, 또 그들로 인하여 즐거이 부르고 기뻐하실 것이기에 고통과 절망을 두려워할 필요가 없음을 강조한다. 하나님은 때때로 범죄하고 불순종하는 자들에게 벌을 내리시는 엄한 분이시지만, 본질적으로는 자기 백성을 기뻐하고 즐거워하시는 분이다. 마치 부모가 어린 자녀를 보고서 기뻐하고 즐거워하는 것과 같은 이치에 속한다. 또한 하나님은 이스라엘을 잠잠히 사랑하시는 분이다. 하나님의 사랑은 결코 요란하게 선전하고 떠들어대는 사랑이 아니다. 하나님의 사랑은 시끄럽게 자랑하지 않는다. 하나님의 사랑은 그 넓이와 깊이와 높이를 측량할 수 없는 것이다(엡 3:19). 로마서 8장에 묘사된 바와 같이, 어느 누구도, 세상에 있는 그 어떠한 것도 하나님의 사랑에서 우리를 끊지는 못한다. 그만큼 하나님의 잠잠한 사랑은 강한 것이다. 호세아도 이 점을 강조한 바가 있다:

> 에브라임이여 내가 어찌 너를 놓겠느냐 이스라엘이여 내가 어찌 너를 버리겠느냐 내가 어찌 너를 아드마 같이 놓겠느냐 어찌 너를 스보임 같이 두겠느냐 내 마음이 내 속에서 돌아서 나의 긍휼이 온전히 불붙듯 하도다(호 11:8)

아울러 스바냐는 18절 상반절에서 이스라엘을 향하신 하나님의 기쁨이 축제 때의 기쁨과 같을 것이라고 말한다. 하나님께서 근심하는 자들을 모아 기쁨의 잔치를 열게 해주실 것이기 때문이다(개역은 "내가 대회로 인하여 근심하는 자를 모으리니"라고 번역하고 있으나 부자연스러움). 하나님께서 주시는 이러한 기쁨은 이스라엘이 하나님의 구원 앞에서 누릴 기쁨과 그 성격이 같은 것이었다(14절 참조). 이것은 이스라엘이 누릴 기쁨에 하나님께서 동참하심을 뜻했다. 한 마디로 말해서 그것은 하나님께서 자기 백성을 끔찍하게도 사랑하신다는 것을 뜻했다. 이스라엘을 헵시바('나의 기쁨이 그녀 안에 있다')와 쁄라('결혼한 여자')로 칭하는 이사야의 구원 메시지 역시 자기 백성을 향한 하나님의 사랑을 실감나게 표현하고 있다:

> 다시는 너를 버리운 자라 칭하지 아니하며 다시는 네 땅을 황무지라 칭하지 아니하고 오직 너를 헵시바라 하며 네 땅을 쁄라라 하리니 이는 여호와께서 너를 기뻐하실 것이며 네 땅이 결혼한 바가 될 것임이라 마치 청년이 처녀와 결혼함 같이 네 아들들이 너를 취하겠고 신랑이 신부를 기뻐함 같이 네 하나님이 너를 기뻐하시리라 (사 62:4-5; 참조, 65:19)

마지막으로 스바냐 3장 18절 하반절에서 20절까지는 하나님께서 직접 말씀하시는 형식을 취하고 있다. 따라서 하나님이 1인칭으로 묘사된다. 이 부분은 하나님께서 이스라엘의 남은 자들에게 주시는 약속들로 가득 차 있다. 그 약속의 핵심은 그들의 포로 상황이 끝나리라는 것이었다. 18절 하반절에 의하면, 이스라엘을 괴롭히던 자들은 이스라엘이 당하는 치욕과 고통을 부담스럽게 생각하여 마침내 그들을 자유롭게 풀어 줄 것이다. 이는 하나님께서 그들에게서 두려움과 슬픔을 없애고, 그들로 하여금 다시는 모욕을 받지 않게 하실 것임을 뜻한다.

또한 하나님은 정해진 때가 이르면 이스라엘을 억압하는 자들을 모두 벌하실 것이며, 없어진 자들을 찾아오고 흩어진 자들을 불러모으실 것이다. 그리하여 흩어져 사는 모든 땅에서 부끄러움을 겪던 이스라엘 백성으로 하여금 칭송과 영예를 받게 하실 것이다(19-20절). 스바냐는

'야웨께서 말씀하셨다'('아마르 야웨')라는 표현으로 기쁨의 노래를 끝맺음과 동시에 자신의 예언 전체를 끝맺는다. 이 표현은 1:2-3에 있는 '느움 야웨'와 마찬가지로 스바냐의 예언 메시지가 하나님께로부터 비롯된 것임을 강조하는 역할을 수행하고 있다.